JN134702

世界で最も愛されているタロットカード

ウェイト=スミス・タロット物語

いま明かされる世紀のカードの成立事情

K・フランク・イェンセン=著

江口之隆=訳・解説

ヒカルランド

ウェイト=スミス・タロット

The Waite-Smith Tarot

1909年、英国・ロンドンのウィリアム・ライダー・アンド・サンズ社から
出版された78枚一組のタロットカード・デッキ。
「ウェイト版」「ライダー版」としても知られる。
神秘学研究者アーサー・エドワード・ウェイトと
画家パメラ・コールマン・スミスの二人によって生み出されたこのデッキは、
出版後100年以上を経た現在も、世界中のタロット愛好者や占術師たちを
魅了し、無数のリメイク・デッキを生みながら、
「世界で最も有名なタロット」として愛され続けている――

アルフォンサス・リゴリを記念して

「タロットが体現するものは普遍的観念群の象徴表現であり、その背後には人間精神が認めるあらゆる暗黙の了解がある。この意味において象徴表現には秘密教義が含まれているといえる。数多くの真理が万人の意識のなかに埋め込まれているが、通常の人間ではその認識を表現するには至っていない。わずかなりとも真理を認識して現実的存在にしたもの、それが秘密教義である」

―― A・E・ウェイト著
『タロットの鍵―占術のヴェイルに隠された秘密伝統の断片』
1910年

まえがき

本書はウェイト＝スミス・タロットの複雑な歴史をその発端から語ることを試みる。ヴィクトリア朝英国に始まり、21世紀に至るまで、ほぼ100年間をカバーするのである。当初筆者は『ウェイト＝スミス・タロット全史』といった素人じみたタイトルを考えていた。しかし全史を語るなど当分不可能であると思い至ったのである。いまだ完結を見ていない部分も山ほどあるのだ。オカルト関係の秘守義務の時代はまだ終わってはいない。ヴィクトリア朝の秘密結社の内情はこれまで何度も暴露されてきたが、新世紀の大量消費市場を舞台とするタロット出版社たちにも守るべき秘密が存在するのである。がっちりガードすべき経済的利益がある以上、質問をしても正直な回答は得られなかった。ともかくも本書は2006年までの経緯を可能な限り徹底的に語るのである。現在の知識では答えが得られない疑問、あるいは答えを知っている人間が回答を拒むような疑問がある場合は、いつの日か調査が進むことを期待して疑問の存在を指摘しておいた。

本書は伝統的な意味における学術書ではない。無数の注釈と参照に囲まれて、片手で本文、片手で巻末の注釈を押さえて交互に読んでいくような書物ではない。すべての文章の出典を明記するようなこともしていない。たいていの場合、わたし自身が正確なソースを知らないのである。わたしはこの30年間、タロットと黄金の夜明け団といった本書のテーマに関する読書を行ってきた。使えると思える部分をあちこちからピックアップしたというのが実情である。本書の主要登場人物の一人、アーサー・エドワード・ウェイトと同様、わたしも学位を有する学者ではない。しかし秘教をテーマに文章を書く際は徹底的に事実に拘(こだわ)ることが肝要であるとウェイトも語っているし、わたしもこの点では同意する。わたしもウェイトと同じく、タロットのような曖昧なテーマに関する言論の山に対しては、生来の懐疑心を抱いている。

本書は4部構成となっている。第1部ではウェイト＝スミス・タロットを生み出した二人の主要登場人物、アーサー・エドワード・ウェイトとパメラ・コールマン・スミスを描く。かれらの来歴、タロット以外の業績、人生におけるあれこれを簡潔に紹介していく。ウェイトに関していえば、メインとなる資料は本人の自叙伝『走馬燈』とタロット関係の記述であり、それ以外には英国のウェイト専門家にして黄金の夜明け研究家のR・A・ギルバートが著した数冊の書物がある。ギルバートのウェイト伝『A・E・ウェイト―多彩なる魔術師』がなかったなら、ウェイト関連の記述はすかすかになってしまっただろう。ウェイトといえば一日中机にかじりついて無味乾燥な文章を書いているイメージがあるが、アーサー・マッケンがからむとそうではないという面白いエピソードもある。「驚異の年」と称されるかれらの放埒（ほうらつ）の日々は（タロットは関係がないが）、ギルバートのウェイト伝でもそこそこあからさまに語られている。

ギルバートのおかげでウェイト関連の情報は容易に入手できたが、パメラ・コールマン・スミスの個人情報はそのあたりに浮かんでいるような代物ではなかった。わたしの主要な情報源は美術史家メリンダ・ボイド・パーソンズ博士が記した文章であり、また博士から頂戴した私信である。博士は1970年代にパメラ・コールマン・スミスに興味を覚え、修士論文のテーマとしている。パーソンズ博士の1975年の論文「パメラ・コールマン・スミスの再発見」、さらに1975年に博士が主宰したパメラ・コールマン・スミス美術展のカタログ『すべての信ずる者たちへ』が主要文献であり、これにスチュアート・R・カプランの『タロット百科事典』第3巻のエッセイが加わるが、カプランの情報源もまたパーソンズ博士の研究である。博士からはいろいろな記事を送っていただいたし、さらに現在進行中の博士によるパメラ・コールマン・スミス伝から適切な章を読ませていただくという機会に恵まれた。メリンダ・パーソンズ博士のご親切がなければ、本書におけるパメラ・コールマン・スミスの情報は凡庸なものになっていたであろう。

本書の第2部はウェイト＝スミス・タロット登場の背景となる19世紀末から20世紀初頭の英国タロット事情を扱う。またウェイトとスミスの両名が所属していたオカルト結社、黄金の夜明け団も紹介する。スミスは団の末端メンバーにすぎなかったが、ウェイトはより深く関わっている。黄金の夜明け団に関する文献は無尽蔵といってよい。グーグルでちょっと検索をかけるとその莫大さは驚嘆ものである。しかしA・E・ウェイトと黄金の夜明け団の関係を論じるとなると、R・A・ギルバートの著作群を超える資料は存在しない。これにデッカー&ダメットの『オカルト・タロットの歴史』とダーシー・クンツの『黄金の夜明け研究』シリーズから詳細な部分を補足すればよい。

第3部と第4部は新たな資料となる。第3部はウェイト＝スミス・タロットそのものを扱う。初期のヴァージョン各種とその差異、20世紀中の変遷、1970年代に登場した新たなタロット商法、それによってタロットがマスメディア製品と化す様子を紹介する。このあたりの部分がいまだ完結を見ていないのである。わたしにとっては、いまだ納得のいく答えを得られていない分野といってよい。ゆえにわたしが遭遇した矛盾点や不確定要素、曖昧な部分を指摘するにとどめ、あとは読者自身の判断に委ねたく思う。著作権を扱う章の一部はスチュアート・R・カプランから得た情報をもとに記述しており、他の部分はさまざまなウェブサイトの情報をまとめたものである。

第4部はウェイト＝スミス・タロットの追従者たちの一覧である。剽窃、リメイク、色の塗り直しなど、呼び方はいろいろである。第3部と第4部の執筆に際して、タロット収集家にしてウェイト＝スミス・タロット研究者であるホリー・ヴォリーには大変お世話になった。わたしたちはウェイト＝スミス・タロットの細かな点をさんざん議論し、この20世紀生まれのタロットに関する知識を積み上げていった。ホリーの後押しがなければ、わたしはおそらくこの種の細かい部分を飛ばしてしまい、あとから恥ずかしい思いをしたことだろう。ポール・フォスター・ケース（B.O.T.A.）とマンズ神聖団に関する情報の一部はデッカー&ダメットの『オカルト・タロットの歴史』から得ている。

どのような人々が本書の読者になっていただけるのだろうか？　タロットに興味はあってもタロットの歴史などどうでもいいと宣言する人々もいる。かれらはなにより「タロットリーダー」であって、過去など気にしないのである。わたしに言わせてもらえば、これはあまりに薄っぺらな姿勢であろう。タロットは無から生じたものではないし、タロットという現象を十分に理解するには歴史は重要なのである。わたし自身、カードリーダーではないし、タロットのそういった部分には特に興味がない。またわたしは過去30年間で発展したタロット産業を支持するものでもない。自分はある種の民俗学者であって、タロット界の奇妙な現象を記録しているつもりである。またわたしは長年にわたってウェイト＝スミス・タロットの名称が最初から「ライダー＝ウェイト・タロット」であったと信じていたのだが、これが某タロット出版社の営業上の都合によるものだったと知るに至り、いまは大変気まずい思いである。この誤った名称を除去するという決意もまた本書執筆の動機の一つとなっている。わたしはこの30年間、タロットデッキとタロット本の批評を書き続けている。1980年代半ばから2000年末までに出版されたほぼすべてのタロットデッキをレビューしたといってよい。それは結構な数である。わたしは歯に衣着せぬ点で一定の評価を得ていて、それに関しては賛否両論あるのも認めよう。本書においてもわたしは同様のアプローチを採用している。本書は額面通り、20世紀において最も影響力を有したタロットの物語としてお読みいただきたい。1909年にこのデッキが創造されなかったら、今日のタロットはどのようなものになっていただろうか？

初期ウェイト＝スミス・タロットの各エディションに関する情報は以下の方々から提供されている。記して御礼申し上げる次第である。アメリカ合衆国のローリー・アマト氏。英国の故ジョン・ベリー氏。アメリカ合衆国、イェール大学バイネック稀覯本手稿図書館ケアリー・コレクション。アメリカ合衆国のメアリー・K・グリーア氏。アメリカ合衆国のロンダ・ホウイズ氏。日本のヤスヒコ・ヒロタ氏。アメリカ合衆国、U.S.ゲームズ・システムズ社、スチュアート・R・カプラン氏。オランダのサスキア・ヤンセン氏。英国のサイモン・ウィントル氏。

長年にわたって変わらぬ激励と支援をくださったアーネル・アンドー氏には特に感謝を捧げたい。また2002年にシカゴで開催された国際タロット協会の会合にわたしを招待し、初期ウェイト＝スミス・タロットの研究発表の機会を提供してくださったジャネット・ベレスにも感謝したく思う。本書の執筆はまさにそのときから始まったのである。

最後にタロット研究連盟（ATS）とジャン・ミッシェル・デイヴィッドにも大いなる感謝を捧げたい。アメリカの複数の出版社が「儲からない」と判断した本書に出版機会を与え、この方面に興味を持つ世界中の人々にアクセスを可能としたのはまさにかれらなのである。

K・フランク・イェンセン

2006年6月 ロスキルドにて

目次

第2部 ✶ ウェイトの黄金の夜明け

第3部 ✶ ウェイト=スミス・タロット

✶カラー図版

Special Thanks to
Witta M. Kiessling Jensen, Arnell Ando, Camelia Elias, Kenji Ishimatsu,
Darcy Kuntz, NORISAN, Naoki Yamamoto, Lo Scarabeo s.r.l,
Nichiyu Co.,Ltd and U.S. Games Systems, Inc.

第1部

✶

アーチストと著者

Artist and Author

序章

1909年のクリスマス直前、ロンドンの書店の店頭に奇妙な物品が並べられた。かの都にはオカルトや神秘の素養を有する人々が多い。それまで文献等で「タロット」なる神秘体系を見聞してきた人にとって、恰好のクリスマスプレゼントが登場したともいえる。

問題の物品はいわゆる「改定版タロット」の初版である。オカルト作家アーサー・エドワード・ウェイトが原案を担当し、神秘文献専門の出版社ウィリアム・ライダー・アンド・サンズ（以下、ウィリアム・ライダー社）が出版している。

このデッキ登場の直前には、ウィリアム・ライダー社発行のオカルト雑誌『オカルト・レヴュー』10巻12号にアーサー・エドワード・ウェイトの記事「タロット—運命の輪」が発表されている。

それまで英国ではタロットは入手が容易ではなかった。英国にはカードゲームとしての「タロット」を遊ぶ伝統がなかったから、タロットそのものが販売されることもなかったのである。英国のオカルト関係者がタロットに潜む秘教奥義を探究しようと思えば、デッキを自作するか、あるいは外国から輸入するのが普通だった。輸入元は主にフランスである。19世紀後半の英国のオカルトブームの発生源もフランスだったし、カードゲームとしてのタロットを遊ぶ伝統もあったからである。

ウェイトはその大仰な文体で次のように指摘する。「世にタロットの気配あり、と人は言う。されど英国のわれらがみな直面する苦難もある。タロットに関する話を読むばかりで、現物のデッキを手にするのが容易ではないのだ」。ウェイトの言は続く。「手に入るのは劣悪なイタリアン・デッキばかりで、いやしくも研究者を自負する者であれば避けるにしかず」。運がよければフランスのエテイヤ版を入手できるかもしれないが、「エテイヤの幻想によって象徴体系が混乱している」とのこと。かわりにウェイトが推薦するのはフランスのマルセイユ版であるが、これもまたパリでもマルセイユでも入手が困難だという。「占いをする人の大多数、及び占いを弄ぶのではなくきちんと研究する少数の人々が紙のカードとしてのタロットを欲している」のである。

このタロットの需要をウェイトが解決したという。「予期せぬ機会到来といおうか、タロットを一組デザインするという案件に際して敏腕にして独創的なる画家パメラ・コールマン・スミス嬢の関与を得る仕儀に至ったのである。同嬢はその明瞭なる天分に加えてタロットの価値に関しても知識を有しておられる。おかげで世に知られぬ知識の回路につながる象徴体系を改定したいとするわたしの申し出にも耳を貸していただけたのである」。ウェイトの言はさらに続く。「かくして芸術と象徴体系は華燭の典を挙げ、真のタロットの誕生を見ることとなった。ただしタロットの真実は一つにあらず、多くの面を有するものと心得ていただきたい。これまでタロットに関して語られてきたこと、あるいはこれから語られるであろうことはどれも秘められた体系のごく一部にしか関係しておらず、正しい道を指し示すというよりはむしろ道を迷わす性質のものなのである」

ウェイト＝スミス・タロットを市場に送り出した出版社ウィリアム・ライダーは『材木取引ジャーナル』及び材木関係書籍の刊行で世に知られていた。しかし1908年、ライダー社はオカルト方面の出版事業をオーナーのフィリップ・ウェルビーから買収したのである。ウェルビーはこの時点でアーサー・エドワード・ウェイトの著作を数点刊行しており、刊行予定であった『秘められた聖杯教会』(1909) その他もライダー社が引き継ぐ形となった。

さてクリスマスギフトとしてウェイトのタロットを買おうと決心した人々には、次なる選択が待ち受けていた。購入パターンが2種類あったのである。厚紙製の箱に入ったデッキ単体を購入するか、あるいはカードと同じサイズの教本『タロットの鍵―占術のヴェイルに隠された秘密伝統の断片』(ウェイト著、以下『タロットの鍵』) が同梱された箱入り版を購入するかである。この著作は判型こそ小さいが194ページもあるハードカバー本で、巻末20ページは参考文献一覧に費やされている。

本の奥付の発行年は1910年となっているが、市場に登場したのは1909年というのも奇妙な話である。デッキのみの定価は5シリング、『タロットの鍵』同梱版は7シリング6ペンスであった。ソフトカバーの『タロットの鍵』同梱版も7シリングで提供されていたが、この版はいまだ存在が確認されていない。

1909年の暗い12月の時点では、ウェイト＝スミス・タロットの刊行がどれほど意義のあるイベントであったのか、だれにも想像がつかなかったであろう。このデッキがタロットのコンセプトを完全に変えてしまい、ありとあらゆるヴァージョンが世界中に無数に散らばっていくなど、実際の購入者が想像できるはずもなかった。直接告げても信じてもらえなかったに違いない。

明らかにこのタロットの売れ行きは最初から順調だった。翌1910年4月には第2版が登場しているからである。この版はより良質の紙に印刷されることになり、デッキのみの定価は6シリングであった。

ライダー社の宣伝文句は単純なもので、「78枚一組のタロットカード」（A pack of 78 tarot cards）だけであった。発行元はウィリアム・ライダー社、カード出版における役割は製作費提供、印刷、マーケティング、販売、利益確保であるから、通常の書籍出版と変わりがない。どのタロットを出しても同じことだったはずである。ライダーの役割はこのタロットの本質とは関係がないのだが、長年にわたってライダーという名前がつきまとっている。それももう終わりになろうとしている。ほぼ60年間にわたり、このタロットの箱にはなにも印刷されていないか、あるいは単に「ザ・タロット」とあるだけであった。皮肉なことに、「ライダー＝ウェイト・タロット・デッキ」という文字が外箱に印刷されるようになったのは1971年、このタロットがライダー社のもとを離れてU.S.ゲームズ・システムズ社（以下、U.S.ゲームズ社）に移ってからのことなのだ。U.S.ゲームズ社長スチュアート・カプランが著書『タロット百科事典』第3巻にてこう記している。「もともとライダー版と呼ばれていたこのデッキは1909年にロンドンのウィリアム・ライダー・アンド・サンズから発行されたものである」（下線筆者）。しかし1972年以前にそう呼ばれていた証拠は一切ないのである。

もちろんライダーとウェイトに加えて第三の人物（実際は第四の人物もいるがそれは後述）がこのタロットに関わっている。それが画家のパメラ・コールマン・スミスである。彼女の名前はライダー以上に言及されてしかるべきなのである。ゆえに筆者は1990年以来このタロットを「ウェイト＝スミス・タロット」と呼称して創作者たちに敬意を表するようにしている。この名称は徐々に受け入れられているようである。

1909年12月のウェイト＝スミス・タロットの刊行はウェイトにとっても慶事であったと思われる。「改定版タロット」というアイデアがついに出版にこぎつけたからである。しかしタロットがこれほど容易に入手できるという状況になれば、秘してこそ華の秘教タロットを秘密のヴェイルに包んでおくことも困難になるとわかっていたはずである。できるだけ包んでおきたいというのがかれの本音なのである。パメラ・コールマン・スミスのほうは、印刷工程に不信の念を表明してはいたものの、自分の作品の出来にはそれほど不満があるわけではなかったようである。このデッキの刊行をもってその後100年間のタロット観が一変してしまうなど、ウェイトにもスミスにも、予見も想像もできなかったにちがいない。

もちろん筆者はアーサー・エドワード・ウェイトには多大なる尊敬の念を抱いているが、ウェイト＝スミス・タロットがきわめて重要な存在となり、後発のタロット大多数の規準となったのは、ウェイトよりはむしろパメラ・コールマン・スミスとそのデザインによるものとの意見を抱いている。

アーサー・エドワード・ウェイト

アーサー・エドワード・ウェイトは1857年10月2日にニューヨークのブルックリンにて出生している。父親チャールズ・フレデリック・ウェイトは商船の船長であった。母親のエマ・ローヴェルは英国生まれだが、ウェイトの父親と正式に結婚していたかどうかは謎に包まれており、まずもって婚姻届は提出されていなかったと思われる。いずれにせよエマはチャールズの航海に何度も同行していた。しかし1858年9月のそれにはついていかなかった。アーサーの妹を妊娠中だったからである。この航海がチャールズ・ウェイト船長の最後の旅となった。1858年9月29日すなわちアーサー誕生からほぼ1年後、ウェイト船長は海難事故によって死亡してしまったのである。アーサーの妹の誕生は船長の死からわずか3日後であった。残されたエマは1年ほどアメリカのウェイトの実家に身を寄せていたが、現地のアッパーミドルクラスの生活が肌に合わなかった。そこでアーサーと妹を連れて英国に戻ったのだが、こちらのミドルクラスの生活も彼女を歓迎するものではなかったのである。

アーサー・エドワード・ウェイト（1921年）

アーサー・エドワード・ウェイトの私生活はあまり知られていない。1938年には自叙伝『走馬燈―回顧的批評』が出版されているが、著者の個人的事柄、家族親戚関連、日常生活などはほとんど語られず、仕事や著作に関する記述が主となっている。自伝部分を記す際にも不正確な記述が多発している。もうほとんど忘れてしまっていたからであろう。自分の文書記録の管理もかなりいいかげんであり、そのあたりも『走馬燈』執筆時に触れている。「無駄を省く意味でも際限なく積み上がる文書群をふるいにかけて、いらないものを廃棄するというのがわたしの意図であった。しかしこのままでは先送りしてきた作業を存命中に完遂する可能性がきわめて低いという確信が心中に生じつつもあったのである。さらに現在つきあいのある出版社からやいのやいのと催促されるため、やむなく最初期の書類箱を開くこととなった。そこに見つかったものは60年分の残滓であり、保管場所の湿気により腐敗しつつある遺骸というか、媒体の崩壊によって第二の死を迎えるがよいと放置された文書群であった。わたしは、記憶は鉛筆より劣るとするグレイの格言を大いに称えて今に至っている。しかし崩壊しつつある破片や塵芥が放つ瘴気に直面するくらいなら、記憶に任せたほうがましという結論に達してしまったのである」

ウェイトの肖像写真

ウェイトと宗教の関係

アーサーは残りの人生をすべて英国で過ごしている。1863年には国教会の信者であった母親が知り合いのドミニコ会修道士を通じてカトリックに入信したため、アーサーは敬虔なカトリック教徒として成長し、少年時代は教会の儀式等を手伝う堂役を務めていた。しかしアーサーの16歳の誕生日直前の1874年9月、妹フレデリカ・ハリエットが猩紅熱で死去してしまった。アーサーは落ち込み、最終的にカトリックに対する信仰を失っている。かわりに若年にして神秘体験を追求するようになり、心霊術やオカルティズムにも接している。ウェイトはこういった方面に興味を有してはいるが、一生を通じてきわめて懐疑的でもあった。かれの生涯の追求は神秘的ヌミノースとの合一であり、換言すれば霊的王国の発見であった。かれの根底にあるものはキリスト教であり、カトリック教会のみが正統なキリスト教形態であるという発想であった。カトリック教会の典礼や儀式に心惹かれているが、同様のものを秘密結社のなかに再発見してもいる。しかし魔法結社などはかれの不断の追求を満足させるものではなく、薔薇十字やフリーメイソンリー方面に参加してもそれは同様であった。

最初の頃はカバラを学んでいたが、のちにウェイトは聖杯伝説とその象徴体系に関心を寄せている。そしておそらくかれの最重要の作品である『秘められた聖杯教会』はウェイト＝スミス・タロットと同年の1909年に出版されたのである。

ウェイトの職業

ウェイトは作家、詩人、批評家、翻訳家になる運命を背負っていて、その出発も早かったといえる。少年期から通俗冒険小説に夢中になり、『英国少年』という児童雑誌に冒険ものを寄稿するほどであった。最終的には『ペニー・ドレッドフル』というパルプ雑誌の専門家になり、この見捨てられがちなジャンルに関するエッセイを何本も書いている。20歳の頃には『トム・トゥルーハート、あるいは家出少年の運命』なる小説を発表するに至った。この種の文学に対する興味は晩年まで続いており、膨大なコレクションを形成するほどであった。「『影なき騎士』や『ロンドンの40人の盗賊』といった小説に出合わなかったら、オカルト方面に足を踏み入れることもなかっただろう」とウェイトは晩年に述懐している。

ヴィクトリア朝の文学環境にあっては、詩歌はあらゆる作家が一度ははまる必需品というか表現手段であり、ウェイトも例外ではなかった。妹の死後、かれは詩を書きたいという衝動にかられていた。シェリーが18歳で『クイーン・マブ』を書いたという事実を知ったのも大いに刺激となっていた。ウェイトの詩歌への最初の挑戦は平凡な結果に終わったが、18歳のときに書いた『占星術に寄せて、及び他の詩』は限定100部の自費出版にまでこぎつけている。その後は幾多の詩を文芸誌に寄稿し、自ら『ゴールデン・ペン』という文芸誌の編集者にもなっている。青年時代には著名詩人ロバート・ブラウニングに助言を求め、それを頂戴している。もっとも助言に感謝はしたが、いつも従うというわけでもなかった。詩歌の創作衝動はウェイトの一生につきまとっており、発表もしている。1914年に出版されたかれの『詩集』は356ページに及んでいる。

1884年、ウェイトの署名が入った最初の文芸批評記事（詩人リチャード・ラブレイス関連）が『ジェントルマンズ・マガジン』誌に掲載されている。『ヤング・フォークス・ペーパー』にも記事を書いていたが、それで定収入を確保するのは不可能である。ウェイトは長年にわたり母親から財政援助を受ける身の上であった。

しかし1885年、28歳のとき、ウェイトは『ブリティッシュ・メイル』という雑誌の編集職をオファーされている。これにはかれもびっくりしたであろう。出版関係の経験はなかったが、ありがたく受けることにした。『走馬燈』ではこのあたりを記していわく「毎号、既存の雑誌から記事を借用するだけだった。この慣行は全方面から寛恕されていたのであろう。わたしは2年半もの間、編集に携わり、その間に非難の言葉を一言も聞いたことがなかったからである。当時は一軒のパン屋が著作権をめぐってひと月に12件もの著作権訴訟を起こす時代であったのだ。ブリティッシュ・メイル誌の編集室はストランドのキャサリン・ストリートに所在していて、ジャーナリズムに関するかぎりわたしの日々は静穏そのものであり、とりたてていうほどの残業もなかった。コラムは盗用ではなく、農業会館やクリスタルパレスで行われる青果業、醸造業といった方面の展覧会や新発明のレポートが主であった。もっとも、楽ができたのは事業の背後に峻厳なる監督者がいなかったからでもある。ホレイショ・ボトムレイもアルフレッド・パーシー・シネット（雑誌のオーナーたちであり、シネットは神智学協会関係者にしてウェイトの友人）も、そして編集の席にいるわたしも、ジャーナリズム事業のことなどろくに知らなかったというのが実態であった」。

著述業

ほぼ同時期、ウェイトは処女作に取り組んでいた。フランスの隠秘学者エリファス・レヴィの著作に基づくアンソロジーがそれである。ウェイトは生涯に50冊余の著作と無数の記事を書く一方、ほぼ同数の翻訳書も出している。翻訳元は主にフランス語の書物であった。自著と訳書のセレクションから判断するに、かれの狙いは読者をいわゆるオカルト方面へ誘うことにあった。フリーメイソンリー、薔薇十字、儀式魔術、聖杯伝説、神秘主義、錬金術、タロットといったテーマはかれにとっても重要な研究対象であった。ウェイトはアカデミックな教育を一切受けていなかったが、読者には学者として認知してもらうことを望んでいた。ゆえにかれのいう「秘密伝統」の調査はきわめて慎重かつ批判的であり、当時発表されていた「疑似神秘のたわごとの無限とも思える集塊」に対しては非常に懐疑的であった。

ウェイトは21歳のときに大英博物館図書室への入室許可を取得しており、以降はその場所で延々と時を過ごしていた。読破した書物は神話学、神学、錬金術、詩歌であり、またこの場所にてエリファス・レヴィの著作群の存在に気づき、後年それを翻訳している。レヴィの教義はウェイトを魅了したが、それでもタロットのエジプト起源といった主張には非常に懐疑的だった。1886年、ウェイトはレヴィの代表作『高等魔術の教理と祭儀』（初版1856、パリ）を編纂して訳出している。この書物は現代オカルト理論の基盤であり、黄金の夜明け団の教義の大部分の礎石となる重要な作品である。ウェイトの訳書は『魔術の神秘』という題名で出版されたが、レヴィのタロット論も収録されている。ウェイトがサミュエル・リデル・マサースに出会ったのも大英博物館図書室だった。マサースはのちに黄金の夜明け団の三首領の一人となる人材である。

『未知の世界』誌（No.1-Vol.Ⅱ、1895年）

ウェイトの最初の自著『薔薇十字の真の歴史』は1887年にジョージ・レッドウェイ社から出版された。薔薇十字というテーマは

ウェイトの代表作一覧

- 『薔薇十字真史』レッドウェイ、1887年
- 『ルカスタ』ジェイムズ・バーンズ、1890年
- 『黒魔術と契約の書』レッドウェイ、1898年
- 『秘められた聖杯教会』レブマン、1909年
- 『タロットの鍵』ライダー、1910年
- 『タロット図解』ライダー、1911年
- 『儀式魔術の書』ライダー、1911年
- 『フリーメイソンリーの秘密伝統』レブマン、1911年
- 『ウェイト詩集』ライダー、1914年
- 『神的統一の道』ライダー、1915年
- 『フリーメイソンリー百科事典』ライダー、1921年
- 『聖杯の書』ワトキンス、1921年
- 『薔薇十字友愛団』ライダー、1924年
- 『聖なるカバラ』ウィリアム＆ノーゲイト、1929年
- 『走馬燈』セルウィン＆ブラント、1938年

翻訳その他

- 『魔術の神秘、エリファス・レヴィ作品抄』レッドウェイ、1886年
- 『カード占いの手帳』（グランド・オリエント名義）、レッドウェイ、1889年
- 『カード占いの手引書』（グランド・オリエント名義）、ライダー、1909年
- 『超越魔術』（エリファス・レヴィ著）レッドウェイ、1896年
- 『ボヘミアンのタロット』（パピュス著）ライダー、1910年
- 『魔術の歴史』（エリファス・レヴィ著）ライダー、1913年
- 『タロット総論』（ティエレンス著）ライダー、1930年
- 『形成の書』（シュテンリング著）、ライダー、1923年

ウェイトが少年時代から魅了されてきたものであり、生涯を通じてその魅力は失われることがなかったといえる。とはいえウェイトは1889年にグランド・オリエントという筆名でまったく趣の異なる著作を発表してもいる。それが『カード占いの手帳』であり、かなりの部分が1865年刊行のアメリカの占い本からの転写であった。表紙にはサピエンス・ドミナビツル・アストリスという標語が記してあって、これは黄金の夜明け団（これに関しては後述）と関係があるとされるフロイライン・シュプレンゲルの魔法名である。ウェイトの黄金の夜明け団入団は1891年

のことだが、その数年前から団の存在に関してなんらかの知識があったことは明らかであろう。もっともこの標語は後年の版では省略されてしまった。『カード占いの手帳』は内容的には浅い書物で、各章でカード占い、占星術、サイコロ占い、ラッキーナンバー、吉日凶日などを扱っている。最終章では水面占い、刀身占い、灰文字占いといった非常に珍しい占い法を総括している。この書物は後年『カード占いの手引書』と改題されて版を重ね、1912年にはタロットに関する新章「秘密の言葉の書」およそ20ページが加わった。後年ウェイトはタロット関係の著述でこの新章を頻繁に自己宣伝している。ただし自分がこの駄作の著者であることを明かしはしなかったのである。

ウェイトの夢の一つが神智学協会や心霊術運動とは関係がない独立系のオカルト雑誌を創刊することであった。神智学協会が出す『ルシファー』誌は当時のオカルトシーンをほぼ支配していたのである。かれの夢は1895年に『未知の世界』誌の創刊号という形で実現している。同誌の目標は当時流行していたさまざまなオカルト教義やトレンドに光を当てることにあった。ウェイトが同誌のために揃えた執筆陣のなかにアーサー・マッケンがいた。この雑誌は11号を出したのち、資金が枯渇して立ち消えとなっている。

出版社

ウェイトはさまざまな出版社から本を出したが、タロット関連でいえば言及すべき会社が3社ある。

ウェイトの『薔薇十字の真の歴史』と『カード占いの手帳』を出版したジョージ・レッドウェイ社は1883年の創立である。当初はさまざまな方面に手を出していたが、やがてオカルトを専門とするようになった。またオカルト方面の古書店も経営している。詩人にして作家、そして後年ウェイトの親友となるアーサー・マッケンは1885年からレッドウェイ社古書店部門のカタログ製作に携わっていた。レッドウェイ社は1900年に出版業から手を引いているが、そうなる前にフィリップ・ウェルビーを雇用していた。レッドウェイ社の廃業後、ウェルビーは自分の出版社を立ち上げてさまざまな方面の本を出していたが、これもウィリアム・ライダー社と合体することになる。ウェルビーもまたウェイトの親友であったから、ウェイトの著作の出版計画は無難に引き継がれたのである。

オカルト・レヴュー

1905年までのウィリアム・ライダー・アンド・サンズ・リミテッド社は『材木取引ジャーナル』と数種の専門書を出して大成功していた会社である。フィリップ・ウェルビーが経営部長になっても『材木取引ジャーナル』の刊行は続行されたが、それは会社の利益確保がメインであって、かれとしては神秘オカルト方面の興味を発揮できる出版への進出を考えていた。ゆえに1905年、かれは月刊『オカルト・レヴュー』誌を創刊し、ウェイトに寄稿と協力を依頼したのである。結果としてウェイトはこの雑誌に長年携わることとなった。1905年1月の創刊号にはウェイトの記事「神秘家の生涯」が掲載されている。「真相はともかくもオカルト団体に属するとされる事物と、真に神秘流派に呼応する事物との間に区別を設ける」といった文言も記されており、ウェイトが相変わらず浅薄なオカルト興味とは一線を画そうとしている様子が見てとれる。雑誌創刊後にウェルビーは数カ月海外を旅行しており、その間はウェイトが編集者として働き、聖杯関連の自分の記事を掲載したりしている。この時点で聖杯研究はウェイトの執念と化していた。「わたしは聖杯神話の背後になんらかの密儀参入体系があると夢見ていた。しかしそういったものがあるにしても、それは宗教における深遠体験としての密儀でしかないとわかったのである。換言すればそれは聖餐式の背後にある宗教と体験の関係なのである。ローマ式典礼書とそ

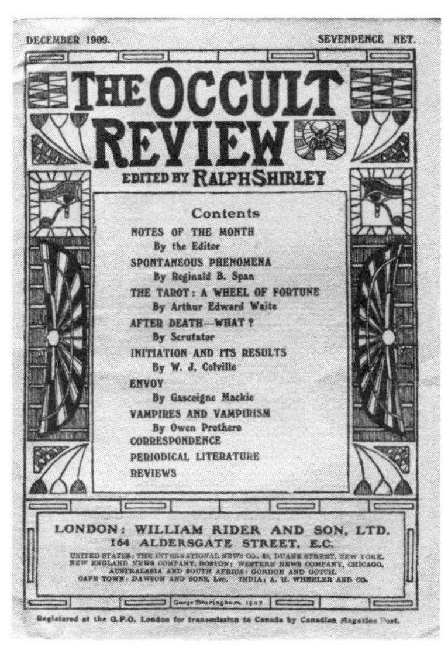

DECEMBER 1909. SEVENPENCE NET.

THE OCCULT REVIEW

EDITED BY RALPH SHIRLEY

Contents

NOTES OF THE MONTH
By the Editor
SPONTANEOUS PHENOMENA
By Reginald B. Span
THE TAROT: A WHEEL OF FORTUNE
By Arthur Edward Waite
AFTER DEATH—WHAT?
By Scrutator
INITIATION AND ITS RESULTS
By W. J. Colville
ENVOY
By Gascoigne Mackie
VAMPIRES AND VAMPIRISM
By Owen Prothero
CORRESPONDENCE
PERIODICAL LITERATURE
REVIEWS

LONDON: WILLIAM RIDER AND SON, LTD.
164 ALDERSGATE STREET, E.C.

UNITED STATES: THE INTERNATIONAL NEWS CO., 85, DUANE STREET, NEW YORK. NEW ENGLAND NEWS COMPANY, BOSTON; WESTERN NEWS COMPANY, CHICAGO. AUSTRALASIA AND SOUTH AFRICA: GORDON AND GOTCH. CAPE TOWN: DAWSON AND SONS, Ltd. INDIA: A. H. WHEELER AND CO.

Registered at the G.P.O. London for transmission to Canada by Canadian Magazine Post.

『オカルト・レヴュー』誌（1909年12月号）

の派生物にうっすらと影を落とすものであり、聖体懇願の条文があるにもかかわらずギリシャ式礼拝にも見てとれる」。ウェイトの『オカルト・レヴュー』関連の執筆で特筆すべきは毎月の関連書籍書評であった。かれは匿名書評を20年にわたって続けていて、結構な定収入であったといえる。

20年後の1924年、ウェルビーはライダー社を去る決心をした（この間も同社は『材木取引ジャーナル』を出している）。かれは事業そのものを売却してしまったが、オカルト部門は最終的にハッチンソン・グループの傘下に収まっている。20年間でウェルビーが出したウェイトの著作は20冊に及び、また毎月執筆するオカルト新刊書評もウェイトにとっては定収入だった。ウェイトにしてみれば自著の出版計画が大幅に縮小されたも同然であり、『オカルト・レヴュー』誌への寄稿もまた減少していったのである。

心霊術

ウェイトの霊的探究における最初の一歩は、1860年代から70年代にかけてアメリカから英国へ急速に広まっていた心霊術への参加であった。ウェイトは好奇心に富む懐疑主義者であったから、この新現象も自分で点検してみたくなったのである。かれは慎重に接近を試みたのち、当時売り出し中であった霊媒の降霊会に数回参加してみた。薄暗がりのなか、他の参加者たちと手をつないでダイレクトヴォイスや空中浮遊や亡くなった親類の物質化といった怪奇現象の発現を待つのである。ウェイトは死んだ妹フレデリカから、なんらかのメッセージが得られるものと期待していたのかもしれない。そして死後の世界の実在を確認できれば一石二鳥であろう。生来の懐疑主義者であるウェイトは多数のいかさまに直面することとなったが、それでも一部の心霊現象は本物であると生涯信じていて、その旨を自伝『走馬燈』にも記している。

いずれにせよ心霊術運動に関わることによってウェイトの人生に大いなる転機が訪れている。1886年3月、かれはとある降霊会に参加している。場所は妻を亡くして7年目というグランヴィル・スチュアート・

メンテス（当時48歳）の自宅であり、参加者は他にメンテスの二人の娘と二人の息子であった。ここでウェイトは21歳のアニー・レイクマンと出会うのである。この女性をウェイトはときにセオドラ、あるいはミランダ、単にドーラと呼ぶこともあれば、どういう関連なのかメルジューヌと呼称することもあった。ウェイトはあっというまに恋に落ちてしまった。「ミランダの可愛さは比肩する者がいなかった。足首にまで達する波打つ赤金の髪、天上の灰青を称えるような星のきらめく瞳」

ドーラもまたウェイトに魅かれていた。しかし問題もあって、すでにドーラはずいぶんと年上のグランヴィル・スチュアート・メンテスと婚約していたのである。当時としてはちょっと動かしがたい既定事実であった。スチュアート・メンテスは裕福であり、ドーラとしても富がもたらす贅沢を大いに好んでいた。しかしそれを除けば彼女の婚約者はたいして魅力的ではなかった。かれの霊的興味などどうでもよかったし、写真撮影や自転車といった趣味も気に入らなかった。むしろドーラはウェイトの詩歌趣味を共有していて、かれの詩の崇拝者となっていた。

1887年6月29日、ドーラことアニー・レイクマンはグランヴィル・スチュアート・メンテスと予定通り結婚している。その半年後の1888年1月、ウェイトはアダ・レイクマンと結婚した。この女性はウェイトの詩のなかでルカスタと称される存在だが、実は愛するドーラの妹である。ウェイトとアダの一人娘シビルは同年10月に誕生しているが、後年ウェイト＝スミス・タロットの歴史に一役買うことになった。U.S.ゲームズ社のスチュアート・R・カプランは1972年にウェイト＝スミス・タロットの発行を引き継ぐのだが、かれは自分がシビル・ウェイトから父親が所有していたデッキを借り受け、それをもとに現行のウェイト＝スミス・タロットを製作したと語っているのである。

アダはウェイトの霊的研究にも詩歌にもたいして興味がなかった。ドーラは開放的かつ外向的だったが、アダは閉鎖的かつ内向的だったのである。ウェイトとアダの関係も奇妙といえば奇妙であろう。両者とも共通点がほとんどなく、アダはウェイトの活動にはほとんど参加していない。この状況にもかかわらずウェイトは結婚生活に満足していたようである。およそ煩わされることなく研究、執筆、霊的調査に没頭できたからしい。晩年ウェイトはアダに関して自伝『走馬燈』でこう記している。「この世界にあってわたしほどよき伴侶に恵まれた者もいないであろう。単純素朴かつ確証に満ちた霊的信念に根差してわたしを支えてくれたのである」

この結婚に関するアダの気持ちがいかなるものだったのか、記録の類は残っていない。しかしシビルの誕生以降、アダの生活は娘を中心としたものとなった。彼女はときどき病を患ったが、常に回復していた。しかし1924年にがんを発症して帰らぬ人となってしまった。ウェイトもまた、過労も手伝い常に健康とは言い難かったが、ここに至って30代半ばの娘を抱える独身者となっている。アダの死については『走馬燈』にいわく「この大いなる損失に拘泥したとて自分にもシビルにもなんら先行きが見えるものではなかった。一つの長い時代が急に幕を閉じてしまい、次の人生がまさに始まろうとするかのようだった。わたしは過去という大地から根こそぎ引き抜かれたも同然だった。望むものがあるとすれば、すべてから脱出することであった。ラムズゲートの家や、貴重な稀覯本の山から逃げることだったのだ。ここでわたしはわが散文的な人生でいまだ挑んだことのないもの、新たな挑戦を始めてもよかったのである。もちろんそれは単なる気分であり、夢であり、辛辣な助言でしかなかった。結局のところ、わたしは以前歩んだ古い道をふたたび進むしかなかった」

ウェイトは再婚してシビルを大いに悩ますことになる。この娘は父親に対する所有欲がきわめて強かったのだ。ウェイトの2番目の妻はメアリー・ブロードメント・ショフィールドといい、1916年にウナ・サルスという魔法名で当時のウェイトの組織「薔薇十字友愛会」に参入していた女性である。メアリー・ショフィールドはウェイトとその著作の崇拝者であり、アダが亡くなる頃にはウェイトの個人秘書を務めていた。この状況が嫉妬深いシビルを激怒させていたのである。1933年5月、ウェイトとメアリー・ショフィールドは結婚したが、ノイローゼ気味のシビルに配慮して別居生活を送っている。当時シビルは45歳であった。『走馬燈』においてウェイトはそれほどシビルに言及することをせず、彼女の教育その他に関してもなんの情報も与えてくれない。

アーサー・マッケンと「驚異の年」

ウェイトは勤勉な作家で、徹夜で執筆することも多かった。しかし昼夜を問わず書斎に引きこもって文机にかじりつき、周囲に参考文献を積み上げる作家の図というのは必ずしもウェイトの正確な描写とはならない。実際、ウェイトも若い頃は友人と飲んで騒いだこともあるのである。そのあたりは友人アーサー・マッケンとの共著である奇書が証人となるであろう。ウェイトは1887年にジャーナリストにして詩人、のちに俳優となるマッケンと出会い、親友となっている。両者はパブや演芸場をはしごし、共通の関心事であるオカルト（ただし見解は異なる）に関して徹底的に論じあった。当時ウェイトは作家として、マッケンは編集者としてジョージ・レッドウェイ社と関係があった。マッケンはウェイトの母の友人の娘エイミー・ホッグと結婚しているが、こちらは状況的になんの問題もなかった。さらにスコットランドの親戚から転がり込んだ遺産のおかげでマッケンは自分の好きなテーマを追求できるようになった。この幸福な状況はしかし1899年にエイミーががんで死去したため突如として終わってしまったのである。

悲しみと絶望の日々が続き、マッケンは黒魔術や幻覚状況の実験に手を出すようになった。それは百害あって一利なしとウェイトは心配し、むしろ黄金の夜明け団に入って比較的無害な団作業に励むよう勧めている。マッケンは入団してプラクティカス位階に昇進したが、１年足らずでオカルトも黄金の夜明けも放り出して俳優業に転身し、シェイクスピア劇団とともに巡業するようになった。しか

アーサー・マッケン

し一年中巡業しているわけではなく、合間合間にウェイトと会って新たに開拓したボヘミアン仲間に紹介したりしていた。会合場所はカフェ・ド・ルロープという店で、やがてグループの定例飲み会の舞台となる。このボヘミアン・グループには女優のヴィヴィアン・ピエポントがいた。演じた役からついたニックネームが「女羊飼い」という。ウェイトがドーラをヴィヴィアンに紹介すると、グランヴィル家で退屈をかこっていたドーラもすぐにグループに加わった。『隠された光の家』によれば、ウェイト、マッケン、ヴィヴィアンとドーラの四人組はともに人生を謳歌するようになった。『隠された光の家』はウェイトの著作中、最も発行部数の少ない希少品であり、読んだ人の数もきわめて限られている。もともと3部しか印刷されていないのである。1冊がウェイト用、もう1冊がマッケン用、最後の1冊はウェイトの出版仲間であったフィリップ・ウェルビー用であり、出版費用を出したのもウェルビーである。この件に関係した女性2名用の部数を用意する必要など考えていなかったのも明白である（2002年にR・A・ギルバートの注釈付き500部限定版が出ている）。

R・A・ギルバートの『ウェイト伝』によれば、「驚異の年」は二人の作家が交わした35通の書簡という体裁をとっている。もちろんその二人とはウェイトとマッケンであり、作中ではイライアス・アリスタ（ウェイト）とフィリウス・アクアルム（マッケン）となっている。物語は擬古文で記された謎めく代物であった。簡単にいうと、二人の兄弟が「驚異の年すなわち儀式と探究に満ちた大いなる一年を過ごす」というものである。しかし二人の兄弟は高次元意識を求める旅にあって決して孤独ではなかった。かれらには「二人の姉妹が与えられた。一人は生命の家の娘、もう一人は高等司祭と牧者の娘であった。彼女たちは元素霊の子供にして火の女王と水の女王、その身のうちに魔法を秘め、身のそとは妖美を湛え、歌い、踊り、光の眩惑に輝いていた。二人の兄弟は「驚異の年が終わるその日まで、女性たちに身の回りの世話をされ、飲食を与えられた」。こう言及される女性たちが実はドーラ・スチュアート・メンテス（作中は姉妹ベネディクタ・イン・アクア）とヴィヴィアン・ピエポント（姉妹イグニス・アルデンス）であることを知る人はきわめて少数だった。

ウェイトにとって、この架空の「秘密のダーク・オーダー」（物語に登場）は一時期黄金の夜明け団よりもリアルな存在だった。「驚異の年」は1901年の出来事だが、中身を形成する書簡群は1902年に記されている。「驚異の年」の終わりに姉妹たちは「連れ去られ」、二人のアーサーすなわちウェイトとマッケンは書簡を編集して出版する準備を始めた。具体的な作業はウェイトに委ねられている。しかし巻末の注釈にはウェイトの言葉で「一部の記録は破棄された点をご理解願いたい」とある。ドーラとウェイトの間で実際になにが起きたのか（起きたかどうかも含めて）、真相は闇のなかである。最近の限定版を入手した読者は行間まで慎重に検討し、この一節が真実につながるものなのか、あるいはウェイトの願望なのか、そのあたりを自分で決めるしかないであろう。

「驚異の年」は終わった。二人のアーサーの友情は長年続くが、ウェイトのスチュアート・メンテス家への頻繁なる訪問も続いた。もっとも回を重ねるごとに、より形式的になっていったと思われる。アーサー・マッケンは1903年6月に再婚しており、ウェイトはかつての四人組での楽しい夜のかわりを探すしかなかった。その代替物はペン・アンド・ペンシルクラブの不定期飲み会という形をとっている。このクラブのメンバーは一定のテーマで文章や絵を寄稿することが義務付けられていたが、ウェイトは結局これにも飽きてしまった。そこでかれは——ふたたびマッケンとともに——「影の会」を創始した。その正体はまたもや飲み会である。ウェイトはこの組織のために22（！）もの段階からなる儀式を考案している。もちろんヘブル語の22文字に対応しているのだが、すべて終わる頃にはだれも素面（しらふ）ではいられないという代物であった。

ホーリックス社での勤務

1899年、ウェイトはアメリカの食品製造会社のロンドン支店から職を提供されている。すなわち1909年までの10年間、ウェイトの本業は同支店の営業部長にしてホーリックス麦芽乳の広報担当であった。ウェイトの仕事の一つは、同社の乳製品をある種の万能薬として有力地元紙などで宣伝することにあった。かれはまた同社の広報誌『ホーリックス・マガジン』の編集長となり、記事の大部分を自分で書きまくったのである。この職に関してウェイトはこう記している。「わたしにまるまる委ねられたのはファリンドン・ロードにある建物と、しかめっ面をした帳簿係、女性タイピストと速記者の一群だった。ホーリック氏はパレスチナ訪問に出発していて、帰還は6カ月後だという。こうしてわたしは勤め人となった次第である。文書による引き継ぎなど一切なかった。面接の際にこれはとんでもない喜劇になると予感した人間は間違いなくわたしだけだった。この状態は持って1カ月、わたしの正体が判明すれば延長などあり得ないというのがわたしの結論だった。退職する部長はわたしの完璧なる無能ぶりなど1時間以内で気づいていたはずである。しかし物事は思うように運ばず、いかに大胆な夢想家といえどもここまで外しはしないという事態が生じてしまった。わたしがジェイムズ・ホーリック氏と最終的に袂を分かつのはそれから10年後のこととなったのである」

ウェイトとホーリックス麦芽乳の雇用関係はホーリックが英国に工場を建設したあとに終了した。当時ウェイトは51歳であり、別分野に飛躍する準備はできていたのである。

パメラ・コールマン・スミス

パメラ・コールマン・スミス

パメラ・コールマン・スミス、洗礼名コリンヌ・パメラ・コールマン・スミス、友人の間では「パム」あるいは「ピクシー」として知られる女性が1878年2月16日、アメリカ人の両親のもと、英国はロンドンにて出生している。母親（旧姓コリンヌ・コールマン）と父親チャールズ・エドワード・スミスはともにブルックリンの有力家系の出身である。母方の祖父は出版業者であり、その妻は児童書の著者（夫が出版）であった。パメラの母は若い頃は熱心なアマチュア女優であり、その兄すなわちパメラの伯父はムーア風建築物とヴェニスの船舶の絵で当時有名だった画家サミュエル・コールマンである。もう一人の伯父ウィリアム・コールマンはニューヨークにおける最初の画廊のオーナーであった。パメラはコールマン一族から神秘オカルト系への関心も引き継いだといえるかもしれない。コールマン家は何代にもわたってスウェーデンの哲学者にして幻視家エマニュエル・スウェーデンボルグの信奉者だったからである。

パメラの父方の家系も芸術方面にまったく無縁というわけではない。父親は長年にわたって日本の浮世絵を収集し、一大コレクションを築き上げていた。その弟のセオドアは東洋の敷物と希少な陶磁器の愛好家にして収集家である。祖父もまた画家だった。曾祖父もその妻も児童書を執筆しており、その兄弟には版画印刷業者にしてニューヨークの画廊のオーナーという人物もいる。

1904年11月の『ブルックリン・デイリー・イーグル』紙にパメラの様子が紹介されている。「ブルックリンにおける彼女は常に奇妙な存在であった。通常の女性とはかけ離れているのである。服装も奇妙なもので、不気味な原色を好んでいる。彼女はよくハワード・ハウスに顔を見せていたが、父親の存命中も没後も渡り鳥のような存在だった。普通の上流階級の家庭に収まって幸せになれるような人ではない。ブルックリンはこういった人物が山の手のど真ん中から飛び出してくる点が面白いのである」

本人自身の弁によれば、パメラは幼少時を英国で過ごしたという。父親が有名な室内装飾会社ニコスル・コルショウに勤務しており、同社のニューヨーク代表でもあったからだという。その後、ジャマイカ鉄道に籍がある友人の紹介で西インド開発会社の監査官という職を引き受けた。これはすなわち一家がロンドン、ジャマイカ、ニューヨークを転々と旅行して回ることを意味した。パメラいわく、10歳までは英国で暮らし、その後の1893年から1899年まではニューヨークに住んだとのこと。別の情報源によれば、パメラは少なくとも一時期ジャマイカで成長し、黒人の乳母に育てられたとされる。この乳母から地元の民話や伝説を聞かされ、大いに影響されたというのである。詳しい事情は文献的裏付けがないが、1896年にジャマイカで亡くなったパメラの母に関する言及が非常に些末的であるという点は指摘できる。このあたりからパメラが実は父親の子供ではあっても母親のそれではないという推測がなされるのである。パメラのカリブ海的な風貌も手伝い、養子説、婚外子説も考えられる。アメリカの白人夫婦からパメラのような顔つきの子供が誕生するのは普通ではないといえるかもしれない。彼女は東洋人、黒人、日本人、あるいは混血などと描写されてきた。ともあれ母親に関する詳細があまり知られていない一方、父親とは非常に近しい関係にあったという事実は残っているのである。

正規の美術教育

1893年、15歳のパメラはニューヨークのプラット美術学校に通いはじめた。同校は1887年に創立しており、現在も存続している。プラット校はいまでいう「商業美術」を教える最初の美術学校でもあった。構

上●貞奴（サダヤッコ）。背後の髭武者は川上音二郎。パメラによる、貞奴一座の公演批評用のイラスト　下●『クリティク』誌掲載のパメラの戯画的自画像

図、線画、油彩などのクラスが開講されており、およそ美術で身を立てるのに必要と思われる分野をほとんどカバーしていた。とりわけ重要だったのは、いかなる原画も最終的な再現技術に依存していて、アーチストはその限界を認識して調整すべきであると学生に教授していた点である。パメラは数年でプラット校を去り、1896年にはジャマイカを再訪している。そしてこの年、母親が死去してしまった。

プラット校時代のパメラの指導教官の一人がアーサー・ウェズリー・ダウである。フランスで美術を学んだダウは当時の画壇の重鎮であったが、それ以上に日本美術に大いに傾倒する美術教師であった点が重要である。ボストン美術館の日本美術主任アーネスト・フェノロサによって紹介されたジャポニズムはこんなところにまで影響を及ぼしていたのである。ダウは色彩の調和、陰影の省略、前景と背景への同等の注視といった日本美術の美点を強調する。絵画は目に見える音楽であり、色彩と線描は音楽と同じくそれに接する者のなかに強力な感情的反応を喚起するのである。ダウはまた「綜合理論」を提唱する。構図は写実を表現するのではなく、抽象を強調する調和的かつ音楽的なものであるべきというのである。かれは学生に対して日本の浮世絵とその明るい色彩を研究するよう奨励していた。パメラは父親が膨大な浮世絵コレクションを所有していたこともあり、すでに十分なじみのある分野といえた。浮世絵の影響はパメラのイラスト全般そしてウェイト＝スミス・タロットにも大いに見てとれるのである。

ジャマイカ滞在中、パメラは従妹のメアリー・〝ボビー〟・リードに頻繁に長文の手紙を書いている。おそらくリードもプラット校の学生だったと思われる。パメラはどういう理由でか手紙に「コン」（コンスタンスの略）と署名していた。1897年にパメラがニューヨークに戻ったあとも文通は続いていて、女優のエレン・テリーやモード・アダムスに会って作品を褒めてもらったことや、演劇への興味（後述）に関してあれこれ綴られている。パメラはこの頃からコンではなくてピクシーと署名するようになっている。これはエレン・テリーにつけてもらったニックネームだという。ニューヨークでは父親とともに住み、マクベス画廊（ニューヨーク市東57番街11）を通じて手彩色の本やイラストや版画を売って生計を立てていた。この時期パメラはミニチュア劇場を作って戯曲を書くようになり、そのためのセットもこしらえている。プラット校に復学したか否かは定かではない。

パメラと父親の仲は親密だった。父は娘の芸術的才能と演劇活動を大いに奨励し、娘がさらにその方面に邁進するよう人脈を活かして多彩な人々に引き合わせた。1899年の夏、パメラは21歳となり、父親とともに英国に渡り、10月にはニューヨークに帰還している。同年12月11日、悲しいことに父親が不意に亡くなっている。

パメラによるエレン・テリーの「ポーシャ」（訳者蔵）

人生の一部をアメリカで過ごしたにもかかわらず、というかそのせいであろうか、パメラ・コールマン・スミスはアメリカ流の生活を好んではいなかった。1904年に彼女はこう記している。「わたしが見てきたアメリカ出身の人々は――泥沼に足をとられて鈍重になったような――感情のない偏狭な人々だった。そして感情がある人々はあまりに退屈で、空っぽなのだ！　なにを与えても飲み込むばかりで、なにも返してこようとしない！　なんでみんなシンプルになれないのだろう？　かれらはみな他人の言に左右されやすく、中身は空っぽなのだ!!!」

パメラは父親の死後、1900年5月に英国に戻り、名優エレン・テリーとヘンリー・アーヴィングが率いる劇団ライシアム・シアターに加わっている。1900年秋にはこの一座と9週間のツアーに出て、衣装を担当する一方、端役でステージにも上がっている。英国に戻ってから最初の1年間はエレン・テリーの家に居候しており、その後に自分用の部屋を借りている。

このとき以降、パメラはほんの数回しかアメリカを訪問しておらず、最後の渡米記録は第二次世界大戦後に友人の画家アルファエス・コールに会いに行ったときのものとなっている。

画家としての生活

パメラ・コールマン・スミスは生涯を通じて画家であった。すなわち作品が認められたり、否定されたり、成功期もあれば失敗期もあるという人生を意味している。生計を立てるためにあらゆる仕事をいつ果てるともなく引き受け､舞台衣装や背景もデザインすれば､自ら出版社となって小著や雑誌を刊行し挿絵を描くのである。手作業による印刷所を立ち上げ、手彩色スクールを開いて講師も務めていた。当時はまだ書物や版画に手彩色を施す職業が成立していた時代であった。そしてパメラは画家としても成功を収めていた。パメラ・コールマン・スミスは生来の画家であり、美術を通じて自分と自分のヴィジョンを表現しようと苦闘していた。成功という言葉を金銭的収支で計らないのであれば、彼女は成功した画家と称してもよいのかもしれない。性格はおおむね円満、陽気でご機嫌ながら、ときに脆弱で孤独な面が作品や文章に垣間見える点にも留意しておきたい。

演劇的人生

ライシアム劇団と過ごした日々はパメラの将来と芸術的関心にとって重要なものとなった。のちに彼女が発揮することになる絵画を通じて音楽を表現するという能力にとっても重要であったと思われる。

1903年の一時期、彼女は著名な画家ウォルター・クレインが主宰する演劇グループ「マスカーズ」に参加している。ちなみにパメラはクレインの作品の大変な崇拝者である。マスカーズの目的は背景その他の製作を可能な限り簡素化することにより「美の劇場」を創造しようというものであった。簡素化によって観客は背景等に心乱されることなく俳優の台詞や所作の美しさに集中できるのである。残念ながらこのグループは短命に終わった。メンバーたちが運動に費やせる時間があまりに足りなかったのである。

パメラはエレン・テリーの娘エディス・クレイグとともにW・B・イエイツの劇の背景も制作している。イエイツは宗教的哲学的信念の反映として戯曲を書く人物だが、そのかれがパメラの作品を大いに称賛し、自分の意図を最も深いレベルで理解しているのは彼女だけであると記している。パメラはまたアイルランド文芸劇場、のちのダブリン・アビー劇場のこけら落とし用の衣装デザインも担当している。さらにエレン・テリーやヘンリー・アーヴィングの役者絵も作成していた。

社交と友人関係

パメラ・コールマン・スミスは若き日々を芸術家仲間のサークルで過ごしており、多数の演劇及び文芸関係者と交流している。具体的にはウィリアム・バトラー・イエイツとその弟ジャックがいて、さらに父親の人脈で引き合わされた人も多かった。ロンドンに居住空間を確保すると、毎週サロンを開き、友人知己が自由に訪問できるようにしている。数多くの有名画家や作家、俳優がやってきて、自作の解説をしたり音楽を演奏したりし、さらに創作童話を披露したのである。とりわけパメラが好んだのはジャマイカの民話をもとにした紙芝居であり、自ら演じて客をもてなしたのであった。

イエイツ兄弟の父ジョン・バトラー・イエイツが初めてパメラ・コールマン・スミスとその父親に出会ったのは1899年のことであった。イエイツ父はパメラ父娘を（好意的に）描写していわく、最も滑稽な風貌の原始的なアメリカ人とのこと。パメラの「ジャマイカ民俗学」に関する近刊は実際に接した内容を誠実に描いているとし、「その素朴さにおいて斬新」と評価している。パメラの服装についても一言あって、安物の青い服と羽根付きストローハットが似合っていなかったという。パメラは一見すると日本人のようであり、実際の年齢よりもずっと老けて見えたそうである。

パメラによるイエイツの肖像画（野口米次郎『英米の十三年』所載）

パメラの訪問日に頻繁にやってきた客人としては、作家のジョン・メイスフィールド、画家のアルファエス・コールと作家のアーサー・ランサムがあげられる。ランサムは後年パメラとそのロンドンの一室を細かく描写している。「少女といってもいいような人で、おそらく一生同じ年齢に見られるタイプだろう。緑色のスカートにオレンジ色の上着をはおっていて、そのオレンジの絹の至るところに黒い房飾りが縫いつけてある。北米インディアンのズボンのフリルのような感じといえばいいだろうか……この女性は浅黒く、痩せておらず、にっこり微笑むとこちらも微笑まざるを得ない。微笑みと同時にきらきらするジプシーの瞳は細くなり、完全に消えてしまうように思われる。……[彼女の部屋は]上手にデザインされた骨董屋の趣だった……壁は暗い緑色で、明るい色の絵やエッチングやパステルのスケッチで飾られていた。窓のそばには大きな丸テーブルがあり、絵の具インクの罎（びん）や陶器の玩具、古めかしい形の文鎮、灰皿、煙草入れ、書物などが散乱していて、それらが銀製のランプで照らし出されている。真ん中には香炉があり、お香が焚かれていた」

ガードナー・ティールもパメラの部屋の模様を報告している（1900年6月）。「いわゆるスタジオ風景とは一線を画する快適な部屋で、凡庸な趣味とは無縁である。芸術を幽閉する部屋ではなく、芸術が生活している部屋といえるだろう。部屋の片隅、窓際には小さなテーブルがあり、奇妙な形の小瓶や絵の具皿、インク、中国渡来の白、黒、藍の顔料があふれんばかりに並んでいる。もう一方の隅には化学物質がずらりと並べられている。この画材の宝庫を前にして、われらの画家は日本製の筆をあの皿この皿と浸し、気取ることなくその独創を描き出していく」

パメラはジャマイカに伝わるアナンシー物語を披露したり、ミニチュア劇場を開演したりして来客をもてなしていた。ランサムがそのあたりを書き記している。「ぼくたちはいつも楽しく騒いでいた。つまらない夕べは一度もなかった。古代の吟遊詩人の幽霊が降りてきたかのような詩の朗読があり、詩の詠唱かくあるべしというのを目の当たりにさせてもらったこともある。いまだ文字にならざる物語が語られ、その場限りにするにはあまりに惜しい見事な講話もあった」

別の訪問者がパメラを描写していわく「肌の色はそれほど黒くはなく、薄いミルクコーヒーの色あたりだろうか。かなりの丸ぽちゃの可愛らしいタイプの女性だった。わたしたちはみな彼女が大好きだった」

1901年12月25日から1905年の大晦日までパメラは訪問者記入帳をつけていた。およそ150ページあるこの帳面にはサロンにやってきた多くの人の署名、コメント、詩やスケッチが満載である。まず目につくのが米国の画家アルファエス・コール、エディス・クレイグ、女優にして著名な黄金の夜明け団員のフロレンス・ファー、同じく団員にして神秘系の画家W・T・ホートンがいる。さらに『リテラリー・ダイジェスト』誌の文芸演劇批評担当のフレデリック・アレン・キング（1909年から1933年までパメラのニューヨークにおける代理人と推定）、エリノア・M・モンセル（イエイツの劇のデザイナーにしてパメラの雑誌『グリーンシーフ』にも寄稿）、作家アーサー・ランサム、作家クリストファー・セント・ジョン、サー・エマリー・ウォーカー（イエイツの出版者の一人にしてゲントとルーブルで開催されたアーツ・アンド・クラフツ展の運営委員の一人。パメラは両方の展覧会で表彰されている）、E・ハーコート・ウィリアムズ（俳優にしてアイルランド文芸劇場にも出演、さらに『グリーンシーフ』にも寄稿）などもいろいろと書き込んでいた。

パメラの友人たちの多くは美術、演劇、文学方面の人間であった。男性の友人も多かったが、パメラは生涯独身であったし、だれかと親密になったという情報もない。同性愛傾向があったのではないかとの疑問も長らく提示されてきた。彼女が描く人物たちが性別に関係なくきわめて外面的に女性的、少なくとも両性具有的であるのが推測理由の一つである。当時、演劇方面では同性愛の男女は珍しくなかった。たとえばエディス・クレイグは同性愛者であり、生涯を通じて一人の女性クリストファー・セント・ジョン（本名クリスタベル・マーシャル）と暮らしていた。その一方、ヴィクトリア朝演劇では男性の役を女性が演じるのは珍しいことではなかったから、パメラが描く人物多数に女性的タッチが加わるのも当然であったかもしれない。パメラはノラ・レイク（後述）という女性と長年共同生活を送っているが、当時は独身女性たちが同居して生活費を折半することはよくあることだったから、女性との同居は必ずしも同性愛を示すものではないのである。

1914年から1918年の第一次世界大戦中に、パメラの生活と友人に対する姿勢に変化が生じている。1914年4月、パメラは「もう人間には興味はない」という文言とともに訪問者記入帳を「ＦＡＫ」なる人物（おそらくフレデリック・アレン・キング）に送りつけている。

ジャマイカ民話

ジャマイカ滞在中、パメラは同地で学んだ民話にすっかり魅了されてしまった。とりわけ彼女をとりこにしたのが西アフリカ起源の、人とも蜘蛛ともつかない「アナンシー」

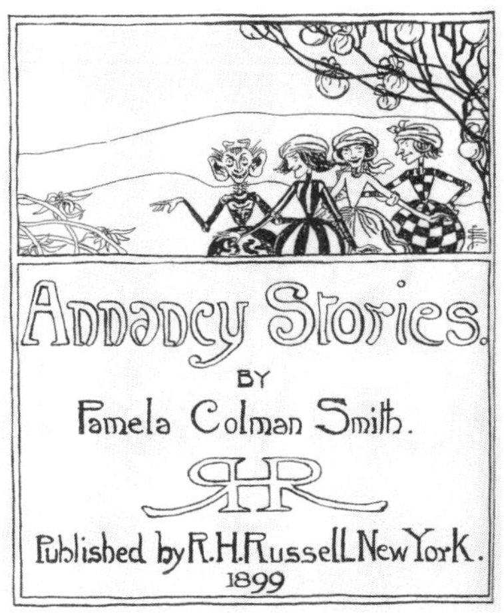

上●『アナンシー物語』表紙　下●扉絵

という人気キャラクターだった。パメラは派手な原色の衣をまとって語り手となり、登場人物をあらわす玩具を使って『アナンシー物語』を披露していた。これは訪問客を楽しませるだけでなく、他人のパーティーに呼ばれて上演することで家計の足しになっていた。

宣伝ちらしにJ・S・フラー・メイトランドが記している。「陳腐な事物に対してユニークという言葉が乱用されている昨今、パメラ・コールマン・スミス嬢の物語上演こそこの形容詞にふさわしい。同嬢の語りを聞いていると、蜘蛛のアナンシーやリングデイリー、ダンエルといった連中が実在しているような気分になっていく。同嬢がかれらの実在を確信していると思われるからである。スミス嬢は真剣そのものなので、聞いているこちらも物語が進むにつれ引き込まれてしまう。スミス嬢にこの物語を伝えたのは奇妙なジャマイカ人の乳母であり、その不思議な発音や抑揚が忠実に再現されて、かぎりない魅力とユーモアを生み出していく。突飛で耳に残る歌の一節や、スミス嬢が上手に歌う英国民謡が物語に効果を加えるのである。しかしわたしたちの心に深く刻まれていくのはやはり西インド諸島の民間伝承である。語り手がもたらす雰囲気に聞き手が少しの想像力をもって応えるとき、それは忘れがたい印象を残すのだ」

『ザ・ランプ』1904年11月号の記事に、パメラがロンドンにて語り手として成功したという記事がある。「現在、ロンドン社交界のめぼしい応接間でひっぱりだこなのがパメラ・コールマン・スミスである。オレンジの衣に赤いターバンといういでたちで一段高いボードに座り、2本のろうそくをともして愉快で奇怪なジャマイカの物語を披露して人々を楽しませている。蜘蛛男アナンシーや魔女リカンドラブダ・ブルムンデイといった名前を聞くと、ジャマイカの子供たちは恐怖におののきつつも楽しくてしかたがないという……あるいは青い壜のジンギー蠅の巧妙なトリックや奇怪な台詞を語るとき、厚紙から切り出して色を塗った小さな人形を動かして奇怪な民話の役を演じさせるのである」

パメラ・コールマン・スミスが初めて発表した文章は『アメリカ民俗学ジャーナル』(1896)にあるジャマイカ民話を採集した「黒人の話二編」

であった。1899年にはジャマイカ民話22編に60もの白黒イラストをつけた『アナンシー物語』を出している。ジャマイカ関連の他の本としては『チム・チム』があげられる。

上●『ウィディコム・フェア』表紙
下●1899年当時のパメラ

挿絵画家

パメラは無数の書籍や定期刊行物に挿絵を描いているが、この場では若干の紹介にとどめたい。1898年から1899年にかけては『炉端にて』(アイルランド民話)、『クリスマス・キャロル』、『心願の国』、『十二夜』、『ゴールデンヴァニティーとグリーンベッド』(英国民謡二編)、『ロベスピエールにおけるヘンリー・アーヴィングとエレン・テリー』、『トレローニー』、『フェア・ヴァニティー』、『ウィディコム・フェア』などがある。最後の『ウィディコム・フェア』は500部限定出版で、ベアリング・グールドとフリートウッド・シェパードによる英国西部民謡に絵をつけた作品である。布装丁のポートフォリオ版にカラー図版13点プラス楽譜2枚という構成で、扉ページにはパメラ直筆の水彩画が描かれている。ガードナー・ティールの書評によれば、これらの書物の挿絵は独特の技法で印刷されているという。伝統的な印刷に手作業によるステンシル彩色が組み合わされたもので、色彩再現の点で当時存在したいかなる技法よりも正確であったとのこと。同様の技法が人形劇場の人形たちにも使われていた。後年パメラがウェイト＝スミス・タロットの印刷に不安を覚えたのは、こういった技法による高品質な印刷を知っていたためと思われる。

1901年から1902年にかけて、パメラはジャック・イエイツと共同して定期刊行物『ブロードシート』を発表し、その販売にも関わっている。15インチ×20インチという大きなシート一枚の片面印刷で、内容は文芸と手彩色のイラストである。パメラとジャック・イエイツがいろいろな作家のテキストに絵をつけて、色も自分たちで手塗りする。その手作業には大変な時間と手間が必要だったため、パメラは1903年に事業から撤退してしまった。ジャック・イエイツはさらに1年間同紙の発行を続けている。

1913年にはエレン・テリー著『ロシアン・バレエ』のために27枚の白黒イラストを描いている。これはディアギレフがプロデュースした1909年の公演を扱う書物で、ニジンスキー等の有名ダンサーが登場する。やはり1913年にはニューヨークの出版社ダフィールド・アンド・カンパニーからパメラの絵をつけた『青髭』が出版されている。

1914年にはユーニス・フラー著『友好的な巨人の書』がニューヨークにて出版。この書物にはパメラの絵が100点以上入っている。

出版事業

ジャック・イエイツとの共同作業を終えたのち、パメラ・コールマン・スミスは1903年に自分の月刊誌『グリーンシーフ』を創刊しようと決意している。内容はイラスト、歌、詩と童話などである。『グリーンシーフ』はイエイツが試みて実現せずじまいだった雑誌『アワーグラス』に着想を得ていた。

『アワーグラス』という雑誌名はイエイツの戯曲にちなんだもので、詩人のいう「幸福な願いの術」に専念することを目標としていた。寄稿者はそれぞれ理想とする時代や場所のファンタジーを綴り、画家たちは夢や民話や空想風景の絵を描く。イエイツが考えるルールは「なにか美しいもの、魅力のあるもの、すてきなものを語らないかぎり掲載しない」というものであった。

パメラの企画の多くと同様、『グリーンシーフ』は芸術的にはともかく金銭的には成功とはならなかった。13号をもって休刊が宣言され、同時にロンドンはナイツブリッジに同じ名前を持つ小店舗が開店している。「パメラ・コールマン・スミスから『グリーンシーフ』購読契約者様、友人各位へのお願い。このたびスミスは友人のフォーテスキュー夫人とともに手彩色版画、銅版画、絵画、書籍等を扱う店舗を先の住所にて開店いたしました。クリスマスカード、招待状、メニュー、舞踏会案内状、蔵書票といった手彩色の注文も承ります。看板製作、室内装飾、書物の挿絵といったご注文にも対応」。別の宣伝文では「グリーンシーフ手彩色学校」の創立も宣言されている。個人経営の劇団や舞踏集団向けの小部数の書籍、プログラム、カードや宣伝ちらしの製作と彩色といった仕事を引き受けるとのこと。またこの学校ではデザインも提供し、ご要望に完璧に応えると主張している。

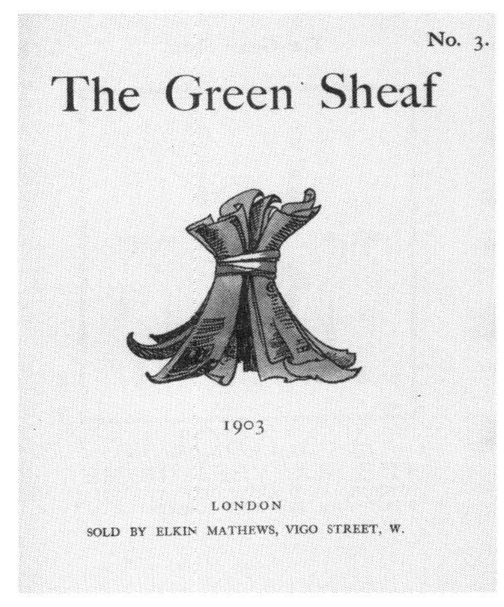

上●『グリーンシーフ』第3号(1903)表紙
下●挿絵

事実、パメラ・コールマン・スミスは数年で何冊も出版している。『自分の庭のお話』(絵はパメラ)。ローレンス・アルマ・タデマ著『四篇の劇』(1905)。アリクス・エジャトン著『時禱書』(1905)。A・C・クレマー著『歌集』(1905)。ハーコート・ウィリアムス著『フィリップとピーターの物語』(1905)。ウォード&コール共著『動物好きの聖人たち』(1905)。レジナルド・リグビー著『助言の書』(1906)。さらにパメラ自身のジャマイカもの『チムチム』(1905)などもあった。『グリーンシーフ』店は1906年に閉店している。

女性参政権運動と慈善活動

1909年、パメラはウェイト=スミス・タロットに取り組む一方、「ロンドン・サフレイジ・アトリエ」に参加している。これは友人のエディス・

クレイグも会員になっている組織であり、アーツ・アンド・クラフツ協会の女性参政権運動部として発足している。具体的活動としては、街頭宣伝で用いるバナーやポスター、小冊子、葉書等を手作業で安価に製作するといったものであった。19世紀後半、女性参政権運動は英国全土に広がっており、これをサポートする活動の一環としてパメラが有する宣伝と印刷の技術も動員されたのである。安価な木版やステンシルは彼女の得意とするところであり、他のメンバーやボランティアに対して指導的立場にあったものと思われる。ともあれパメラはこの件にも多大な時間を費やしていた。多数の専業画家が参加するグループ「アーチスツ・サフレイジ・リーグ」でも彼女の手腕は期待されていた。1909年はパメラにとってマルチタスクの年であり、ストレスが積み重なったことは間違いないであろう。

1911年、パメラはアリス・B・ウッドワードとアダ・P・ライリーとともにローレンス・ハウスマン著『アンチ・サフレイジ・アルファベット』の装丁と挿画を手がけている。同書は女性参政権運動に反対する人物や法律や政治的事件をパロディーにしたもので、挿画は素朴なステンシルで作製されていた。使用された色は女性参政権運動の象徴色の緑、紫、白であった。

1914年に第一次世界大戦が勃発すると、パメラは慈善活動に参加した。自室で開くバザーで得た収益を赤十字その他に寄付している。このときに販売された物品の一部は、手塗りの人魚の布人形といった自作の品だった。さらに彼女は戦争被害者の苦難にも心を寄せ、ポーランド難民救援基金のためのオリジナル石版ポスター「チェンストコワの聖母」も製作している。

画業

パメラ・コールマン・スミスの画家としての成功は1907年のニューヨーク個展から始まっている。個展はさらに1908年、1909年と続けて開催された。よき友人でもあった著名な写真家アルフレッド・スティーグリッツがニューヨークのフォトセッション・ギャラリーで個展をやらないかと提案してきたとき、パメラはこれを受けている。1907年、1908年、1909年の個展で発表された絵画はいわゆる「音楽絵画」すなわち有名な音楽作品をベースとした直観的作品群であった。

五番街291にある「フォトセッション・リトル・ギャラリー」は後年になると単に「291ギャラリー」で通用するようになる。ここは本来、写真専用の施設だったが、スティーグリッツが一般大衆にもっとモダンアートを知ってもらいたいと考えたため、他の芸術形式も紹介するようになり、写真家たちをいらいらさせていた。291ギャラリーで写真以外の作品が展示されたのはパメラ・コールマン・スミス展が最初だった。もともと計画されていたロダン展のかわりとして彼女の絵画が披露されたのである。

パメラ・コールマン・スミスの個展は成功し、好意的に批評された。おかげで厳寒のニューヨークの天候にもかかわらず8日間延長されている。来客数はおよそ2200名、内訳はさまざまな方面の画家、美術教師、美術品収集家、画商に画学生といったところである。展示作品中、33点が売れている。291を「自分たちのギャラリー」と思っていた写真家多数がこの個展に背を向けていたため、スティーグリッツも雑誌『カメラワーク』にて釈明を余儀なくされた。いわくパメラの個展は「フォトセッションの本来の意図から離れるものではなく、むしろその意図が顕現したものとして歓迎すべき機会であった」とのこと。しかし後年、スティーグリッツはパメラの展覧会と距離を置くようになった。彼女の芸術をモダニズムではなくプリミティズムと見なすようになったからである。

パメラの絵画は「ヴィジョン的」「象徴主義的」と称されており、音楽を聴くことによって着想を得ている。対象としてはベートーベン、バッハ、ショパン、グリーグ、シューマン、リヒャルト・シュトラウス、リスト、シンディング、そしてドビュッシーといったところだが、とりわけドビュッシーはパメラの絵画を大いに評価している。ドビュッシーはパメラに直接会ったことがあり、その際に自分のピアノ曲をもとにした音楽絵画の制作を依頼している。パメラは自分の絵を次のように解説し

パメラの音楽絵画　左●ベートーベン交響曲第５番「運命」（『クラフツマン』誌所載）
右●バッハ「クロマティックファンタジー」（『ストランドマガジン』誌所載）

ている。「わたしのイメージは曲の題名や解説文を絵にしたものではない。音楽を聴いたときに見えるものを描いているだけである。音の魔力によって解放され自由になった想念といってもよい。絵筆を手にして音楽を聴くと、美しい国への扉が開く。そこに野原、山々、波打つ海が広がっていき、音楽によって音の網が形成されると、その国の住民たちが現れる。長身の威厳ある女王たちが宝冠を戴き、色とりどりの衣をまとってゆっくりと歩む。山の頂を歩み、波打ち際にて水の民たちを見守る……ベートーベンを聴いたときに見える国は長らく無人だった。丘にも平原にも、廃墟と化した塔にも海沿いの教会にもだれもいなかった。しばらくするとはるか彼方に平野を渡ってやってくる槍兵の一団が見えるようになった。しかしいまでは、元素的生命に満ちる怒濤の海がしぶきをあげ、波に乗る者たち、真珠のような月を手にする潮の女王、インク色の波にきらめく泡が見える。バッハを聴くと茶色のドレスをまとった乙女たちが紐をひっぱって中空の鐘を鳴らす音が聞こえる。大気には山頂の朝のような新鮮さがあり、オパール色の霧たちが互いを追い回すようにすばやく過ぎ去っていく。ショパンは夜をもたらす。あちこちに謎と恐怖が潜む庭園だが、大気中には喜びと情熱が満ちていて、冷たい月光がその場のすべてに魔法をかけていく。わたしがよく見る庭園があって、葡萄の葉が月光に照らされ、うなだれる薔薇の薄い花弁が震えている。背の高いおぼろげな木々と紫色の空と、そぞろ歩く恋人たちが見える」

『クラフツマン』1907年3月号においてアルス・イク・カンが同年に開催されたパメラの展覧会に触れている。「スミス嬢は見えるヴィジョンを流れるように描いていく。現実世界は彼女にとっては存在しないも同然だった。海に、空に、湖に、高山の頂に、深い渓谷に、そして偉大な音楽が有する神秘と戦慄のなかに彼女は時空を超える霊感を見出し、それをわたしたちに伝達してくるのである。大いなる感情が彼女の魂を通過して小さなカンヴァス上の線となっていく。あらゆる音響、あらゆる自然の壮麗なる神秘が彼女に迫り、心をしぼり上げて絵筆を動かし、ついに霊感の表現となったものがここニューヨークで展示されている……奇妙な想像力の暴動が全作品を支配している。幻想というよりはむしろ未知の圧倒的な力が遠慮会釈なく発言しているようなもので、その方法も混乱している。あたり構わず走り回る霊感の威力があまりに激しいため、幻想の回路そのものに負担がかかって変形してしまう……ついに伝統というヴェイルも外されてしまい、この女性にものを見る力とそれを雄弁に語る力が与えられていたことがわかる。ここにある小さなカンヴァスをいくつも見ていると、高山に囲まれたり、大海原に面したり、突飛な律動を感じるような感覚に包まれる。そしてあらゆる時代に通ずる深い悲しみと苦痛と狂気を感じてしまうのだ」

291ギャラリーでの個展はパメラ・コールマン・スミスがニューヨークで開いた唯一の展覧会ではない。バーリン写真会社の後援による1912年の個展に関しては『クラフツマン』でアーウィン・G・マクドナルドが報告している。「奇妙な説得力を持つ絵画である。なればこそ昨年春の個展であれほどの群衆が押しかけたのであろう。うまく描かれているが、技術的にはたいしたことはない。しかし人間というものは、意識の有無にかかわらずその本性に大いなる神秘を宿しているのであり、そういった部分にとってこの絵画群はどうにも抗いがたい魅力があるのだ。画家の素朴な誠実は間違いなく伝わってくる。数点の油彩は大胆なまでに装飾的であり、燃え上がるような色使いである。しかし大半の展示物は鉛筆ないしインクによる線画である。一部は数分で描かれたと思われる走り描きのスケッチであり、強力な一連の印象の記録として残されたものである。他の作品は同じような印象をより丁寧に描き起こしている。しかし主題は例外なくこの世のものでない幻想であり、通常の理解を拒否しつつも想像力を刺激して燃え上がらせるのだ。それは未知の世界の瞥見（べっけん）であった。色彩が躍り、形状は霧のようにつかみどころがない夢の世界といおうか。わたしたちの世界の不細工な表現方法が通じない世界、妖精郷である。パメラ・コールマン・スミスにこの世界を開く鍵は音楽である。彼女自身は音楽家ではないし、音楽そのものを大いに愛する風でもない。しかし音楽が有するリズム、そして変わりゆくハーモニーが彼女の潜在意識層をかきまわし、通常意識を超えた領域への進入を可能とする。そうすることで通常ではなかなか発動してくれない光のヴィジョンや感覚へと至るのである。すなわち彼女は音楽を聴くというよりは見るのである。そして見たままを幼子の素直さでできるかぎり完璧に表現する。音楽と彼女の内奥が調和するとき、異界への扉が大きく開き、彼女はしばらくの間、ケルトの国でいう〝静寂なる者たち〟あるいは〝平和な人々〟と一つになるのである」

パメラは1913年にベルギーのゲントで開催された万国博覧会に展示参加しており、貢献を評価されて賞状を授与されている。翌年にはパリのルーヴル美術館で開かれた英国アーツ・アンド・クラフツ展でやはり貢献賞を得ている。

第一次世界大戦後、パメラは田舎で隠遁生活に入るのだが、それでも絵画による音楽表現は続いていた。英国はウェアに所在するセント・エドマンズ校の哲学教授であるジョン・G・ヴァンス博士は1930年代にパメラの技法を次のように評している。「現在コーンウォールのリザードに在住するパメラ・コールマン・スミスは、26年間にわたって音響を画像に変換するという驚くべき才能を発揮してきた。この婦人は傑出した画家であり、音楽の演奏中に見えるものをそのまま絵筆で描くのである。われわれは新曲や未知の曲を使って彼女を試験してきたが、彼女の線画の美しさには驚かされてきた。とりわけ音楽とその題名の描写は正確そのものであった。音楽が続くかぎり彼女の手も熱烈に動き続ける。音楽がやめば絵筆は手から落ちる。もうなにも見えないからである。彼女にとっては風景を見つめていたときに突然太陽が完全に隠れたようなものであった。ようするに彼女は音を見ているのである。音から絵への変換がきわめて迅速かつ鮮烈であり、印象も多様性に富むものであった」

黄金の夜明け

パメラを黄金の夜明け団（後述）に紹介したのはアイルランドの詩人にして劇作家ウィリアム・バトラー・イエイツ（1865 ～ 1939）であった。イエイツは神秘方面全般及びアイルランド民俗に興味を抱いていて、かれ自身 1890 年から黄金の夜明け団団員であった。かれはパメラの自宅開放日によく客として訪問していたが、パメラのほうは最初の頃かれが嫌いであった。とある友人宛てにパメラがこう記している。「（イエイツは）とんでもない間抜けのようで、お茶会気取りでかっこつけている」。しかしやがてイエイツはパメラにとって興味深い人間となり、彼女のミニチュア劇場でかれの劇を上演する運びとなった。イエイツが熱心に提唱するケルト復興運動にも関心を持ちはじめ、作品中にもアイルランド民話の要素という形でイエイツの影響があらわれるようになっている。アイルランドのイエイツ家を訪問したときには元素霊や神話的存在のヴィジョンを見ていて、後年の作品制作の霊感を得ている。

隠遁から孤立へ？

第一次世界大戦（1914 ～ 1918）後、パメラ・コールマン・スミスは伯父のセオドアから遺産として金銭をもらい、コーンウォールの保養地にある芸術家たちの居住区リザードのパーク・ガーランドに家を買うことができた。この頃彼女は 40 歳前後であり、ロンドンの雑然とした生活に飽きていたのかもしれない。1911 年にはカトリックに改宗しているが、これは教会とその儀式が大好きなウェイトの影響も考えられる。教会はパメラの生活と芸術の一部となった。着想を求めて宗教的なカードや絵画を収集し、1917 年にはフランスの作家ポール・クローデルの詩に絵をつけた「十字架の道」という30枚一組のカードセット（アート・アンド・ブック社、ロンドン）も描いている。ノートブックには宗教関連のスケッチが多数描かれ、また気に入った詩の一節などが書き込まれている。

コーンウォールに転居後、ほどなくパメラは地元の教会に顔を出すようになり、リザード聖母教会の聖具保管係となっている。この教会は1919年にとある僻地からパーク・ガーランドに引っ越してきていて、それがパメラの家の近くだったのである。そこで現金収入の手段として、また教会で定期的に礼拝が行われることを確実にするためでもあったのか、パメラは近隣の家屋をカトリックの司祭たちの宿泊所とした。パーク・ガーランド一帯は国教会系のメソジスト派が優勢な地域であったから、宿泊所の外壁に描かれた聖母とキリスト像に対して周辺住民から苦情が寄せられることもあった。おそらくこれらの絵はパメラが自分で描いたものだったと思われる。

パーク・ガーランドに居住中、ノラ・レイクという女性がパメラと同居するようになった。両者はパメラの存命中、互いを支え合うコンパニオン同士となるのである（ノラ・レイクはアルフレッド・E・レイクの未亡人であり、アルフレッドはリザードにおいてパメラの執事兼家政補佐として働いていた）。第二次世界大戦中にパメラとノラの両名はコーンウォールのブードに引っ越している。そして1951年9月18日、同地にてパメラが73歳で死去している。同年2月23日付の遺言状には全財産を「友人ノラ・レイク」に譲るとされている。

パメラの最後の公的な展覧会は1914年に行われている。1920年以降、彼女の芸術作品は一般大衆のもとに届いてはいないようである。あまりに商業的に成功しないことに嫌気がさしたのか、あるいはニューヨークやロンドンといった大都会の騒然たる生活を離れて平穏な日々を求めたのだろうか。自分の美術が時代遅れとなり、世間ではますますモダニズムが主流となっていることを痛感し、しかもその流れに自分がついていく気もないし、ついていけもしないと悟ったのであろうか。

スチュアート・R・カプランは『タロット百科事典』第3巻のパメラ・コー

ルマン・スミスに関する長文のエッセイにおいてパメラを不幸な幻滅者として描いている。カプランによれば、パメラは初期をのぞいて画家としては失敗していたからだという。「物語と挿絵のほかには、商業的成功はまったく得られていない……これといった成功がないのは、彼女が実業家として無能であり、その方面で手助けしてくれる人材もいなかったことに起因する。スミスのさまざまな事業すなわち出版、店舗、宿泊施設、フリーランスの画業、文芸誌などは最終的にすべて失敗している。アルファエス・コールによれば彼女には〝ビジネス感覚〟がまったくなく、他人に簡単につけ込まれていたという。美術方面は欧州やアメリカに多くの人脈があり、それなりに重要美術誌などで称賛されてはいたのだが、しっかりとした収入源になったことは一度もない。スミスの大いなる失望の一つが画壇で認められなかったことである。画家生活では常に経済的緊張に苦しめられていた。彼女の芸術はそこそこの名声をもたらしはしたが、十分な依頼も売り上げも得られなかったのである。一方に強烈なヴィジョン的霊感芸術があり、他方に商業的安定があるわけで、両者の間にある越えがたいギャップはパメラにとっては解決できない苦痛でしかなかった……最初の数回の個展はそれなりの成功を収めたが、それをのぞけばパメラの芸術はすでに消えてしまったも同然だった。パメラ・コールマン・スミスはライダー＝ウェイト・タロットとして知られる78枚の絵がなければまったく忘れ去られてしまっていたであろう……現在このデッキが何百万人もの人の心を動かしていると知ったら、彼女はさぞ驚き、喜ぶにちがいない……ライダー＝ウェイト・タロットという魔法のカードの画像がなかったら、パメラ・コールマン・スミスの幻想芸術もカラフルな挿絵も音楽絵画も、ごく一部の熱心な崇拝者以外にはまったく知られずに終わってしまっていたであろう」

パメラは実業家ではなく、他人につけ込まれたとするカプラン氏は正しい。また彼女が描いたタロットに対する現在の関心を知れば驚くだろうという点もその通りと思われる。しかし後世の成功のなりゆきに関してパメラが喜ぶかどうか、筆者は確信が持てない。

スチュアート・R・カプランはまたパメラが有した自分の芸術に対す

る熱意と自信も認めている。「彼女は芸術と出版事業に幻滅していたかもしれないが、自分の芸術的能力と価値には確信があったはずである。彼女の私物には走り描きや描きなぐりの類の紙片が大量にあり、彼女の祈禱書の見返しにも余白にもスケッチが残っている。パメラは常に鉛筆とスケッチブックを手放さなかった。1948年からは王立芸術院会(Royal Society of Arts)の会員になっていて、これ以降は絵画の背面のラベルに「R.S.A.」という文字を書いている。晩年、病気のため寝たきりになったときも、友人に不平をもらしたことはなかったという。頻繁にお見舞いに行った人の話によると、彼女はいつも「物事のユーモラスな側面」を見ていたそうである。

パメラは常に芸術的に成功を収めていたわけではないし、経済的問題に直面したこともざらにあっただろう。しかし彼女が自分の好きなように生きた人であることは間違いない。父親が亡くなったあと、ブルックリンの保守的な家族のもとで安穏と暮らすこともできたはずだが、それは彼女が望む人生ではなかった(この点はアーサー・エドワード・ウェイトの母も同じであった)。パメラもウェイトの母も、ヴィクトリア朝の未婚女性が実家でいかなる役割を期待されるか、十分に承知していたのである。

第2部

✶

ウェイトの黄金の夜明け

Waite's Golden Dawn

黄金の夜明け団

19世紀後半のヴィクトリア朝は神秘オカルト系の関心が育つ土壌を提供していたといえる。とりわけフランスのオカルト伝統の影響は色濃いものがあった。秘密結社や、神智学協会のような公開組織も繁栄していた。

1888年に創立した黄金の夜明け団はフランスの隠秘学者エリファス・レヴィの教義を部分的に採用している。ウェイトは早くも1891年にこの組織に参加しているが、団の作業にも儀式にも幻滅して半年で退団、その後1896年には復団という紆余曲折を呈していた。英国の元祖黄金の夜明け団はおよそ20年間しか存在しなかったが、その歴史は複雑怪奇である。文献は膨大な量に及び、歴史家たちの意見の食い違いも広く知られている。黄金の夜明け団はその短命にもかかわらず、最も影響力を有する秘教組織となり、その教義は現行の大部分の組織の背後に潜んでいるといってよい。ウェイト＝スミス・タロットが誕生する背景と環境を語るには、黄金の夜明け団の簡略な歴史とタロットにまつわる部分を紹介する必要がある。ヴィクトリア朝の魔法団体の奇妙な世界の詳細に関しては参考文献表をご覧いただきたい。

1866年、英国薔薇十字協会（ＳＲＩＡ）が創立されている。伝説によれば、クリスチャン・ローゼンクロイツは15世紀の神秘家で、地中海沿岸及び北アフリカ諸国で学んだ秘教知識を世に広めるための秘密の友愛会を創立したという。ローゼンクロイツの遺骸は封印された地下納骨所に納められ、120年後に再発見されたとき、秘密文書に囲まれた遺骸はまったく傷んでいなかったとのこと。納骨所は再封印され、その存在とそれにまつわる神話が後世そして現在も繁栄している薔薇十字団各派の基盤となったのである。

英国薔薇十字協会は他の薔薇十字団体とは一線を画する部分があった。キリスト教信仰を有するフリーメイソンのみを会員として受け入れていたからである。協会の初期会員の一人にウィリアム・ウィン・ウェ

『The Golden Dawn Trump Cards』より、ウェストコットによるタロット画（ダーシー・クンツ氏提供）
左●「恋人たち」（1886）　中央●「審判」（1886）　右●「節制」（1886）

ストコット（1848 〜 1925）という医師にして検視官、そしてカバラに詳しいオカルト関係者がいた。出合った秘密結社にはすべて入会するという人で、薔薇十字神話を固く信じていた。ついでながらウェストコットは女性もオカルト結社に入れるべきであるという意見の持ち主で、これは当時としてはかなり珍しい。かれの夢は「オカルト科学と、生命と死の神秘と、われらの環境を研究する」ための秘密結社の創立であった。その組織は部分的には薔薇十字系であっても、男子専用のＳＲＩＡとは異なり、男女両性に平等に開かれるというものであった。このような組織にあっては、ウェストコットが持つ推進力がやがて目に見える重要な役割を果たすようになる。実際の魔術作業よりも、着飾って儀式の背景の一部になることのほうがかれにとっては魅力的であった。

黄金の夜明け団の創立に影響があったと思われる別組織としては、「八人の会」がある。1883年にフレデリック・ホランドが創立した実践的な秘教グループであり、理論面にこだわるＳＲＩＡとは対照的な存在であった。この組織にもウェストコットがいて、さらにＳＲＩＡの共同創立者の一人ケネス・マッケンジー（1833 〜 1886）が参加していた。マッケンジーは経験豊富なオカルト関係者であり、儀式作家でもあった。ヨーロッパを広く旅行して回り、エリファス・レヴィ宅を訪問したこともある。ドイツ語とフランス語に堪能で、タロットにも大いに関心を寄せていた。事実マッケンジーは『タロット遊戯、考古学的及び象徴主義的考察』という著作をデッキの付録つきで発表する準備を進めていた。この出版は宣伝ちらしを製作する段階までこぎつけていたのだが、なんらかの未知の理由によってそこまでで終わってしまった。

秘密結社たるもの、日常的に接する首領たちの権威が疑われないようにするには、背後にさらなる権威を必要とするのが常である。ウェストコットにとって、結社創立のきっかけは1887年に入手した暗号文書（85ページ参照）であった。この文書をどこから手に入れたのか、かれは一度も明らかにしていない。ある話では他の文書の束とともに古書店で購入したという。フレデリック・ホックリーというウェストコットのオカルト仲間が遺した私文書があり、ホックリーの未亡人から譲渡されたとの説もある。いずれにせよウェストコットはフリーメイソン仲間であったサミュエル・リデル・マサースの手を借りて暗号文書を解読している。それは15世紀のオカルト研究者トリテミウスが作った代用アルファベットであるとすぐに判明したため、解読は容易だったのだ。ちなみに1885年にホックリーが死去したとき、かわりに「八人の会」に入ったのがマサースであった。

暗号文書はとあるオカルト結社の参入儀式の概要であり、タロットに関する言及も数枚含まれていた。また文書の間にドイツの結社の達人、シュツットガルトのフロイライン・アンナ・シュプレンゲルからの書簡があった。住所も記されていたので、ウェストコットはシュプレンゲルと文通を開始した。魔法名を姉妹（ソロール）サピエンス・ドミナビツル・アストリスというこの女性はウェストコットに返信し、アデプタス・イグゼンプタスという位階を授与するとともに、彼女が所属するドイツの組織リヒト・リーベ・レーベン（モルゲンロート団傘下）の英国支部設立の認可も与えている。支部設立に際してさらに二人の「教養ある人物」が必要とされ、計三人をもって「三首領」が構成されることとなった。

ウェストコットは他の二首領を英国薔薇十字協会の同僚から選んでいる。すなわちウィリアム・ロバート・ウッドマン（1828～1891）、そして当然ながらサミュエル・リデル・マグレガー・マサース（1854～

1918）である。マサースは24歳の時点でグランストラエ伯爵という称号を採用しており、スコットランド貴族を気取って苗字の前に「マグレガー」を挿入していた。ウッドマンは医師にしてフリーメイソン、ＳＲＩＡの初期からの会員であった。かくしてウェストコットがカンセラリウス（書記）、ウッドマンがインペレーター（団代表）、マサースがプレモンストレーター（儀式監督）となり、黄金の夜明け団が創立されたのである。1888年3月、三首領は自ら認可状を発行してイシス・ウラニア・テンプル　No. 3を設立している。

暗号文書の正統性とシュプレンゲルの存在はのちのち疑惑の目にさらされることになるが、いずれにせよこの女性達人はそれなりの役を果たしたのである。シュプレンゲルは三首領に権威を授けてどこかに消えてしまうわけで、三首領は高次元の「秘密の首領」の存在をほのめかし、連絡をとれるのは自分たちだけだと主張できる。黄金の夜明け団に入りたいという志願者に対して、団のシステムがより高次な秘密知識に基づく高等真正なものであると示唆する際の根拠となるのである。

ウェストコットはドイツのシュプレンゲルからさらに文書と書簡4通を受け取った（と主張している）。1890年、都合のよいことにアンナ・シュプレンゲルの急死を告げる最後の書簡が届いた。彼女の出番は終わったのである。

暗号文書が捏造であると仮定すると、その動機となったものはブルワー・リットンの小説『ザノニ』かもしれない。この作品は冒頭から妙なアルファベットで記された謎の暗号文書が登場し、それを解読してみると『ザノニ』の本文になるという仕掛けである。

大英博物館図書室で長年にわたって魔法書や手稿を研究してきたマサースは、暗号文書

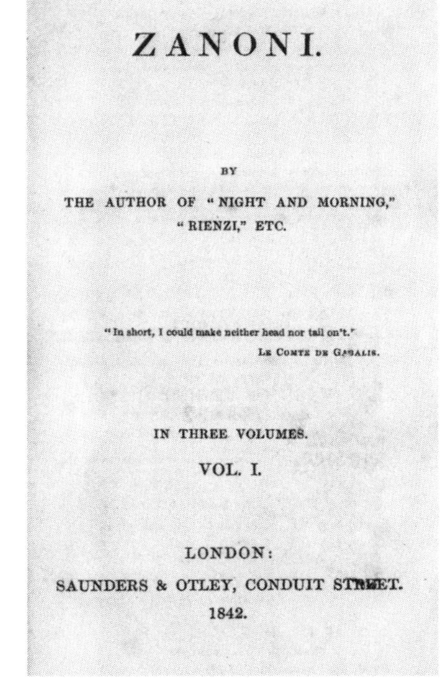
ZANONI.

BY

THE AUTHOR OF "NIGHT AND MORNING," "RIENZI," ETC.

"In short, I could make neither head nor tail on't."

LE COMTE DE GABALIS.

IN THREE VOLUMES.

VOL. I.

LONDON:

SAUNDERS & OTLEY, CONDUIT STREET.

1842.

『ザノニ』初版タイトルページ（1842）

をもとに新組織用の一連の儀式群を構成している。それが終わると位階から位階へ昇進するための一連のカリキュラムもこしらえている。黄金の夜明けの教義全体はユダヤ教カバラと生命の樹に基づくものであり、タロットも重要な役目を果たしている。描き出されるものは宇宙の創造であり、また人類が高次元の覚醒状態に到達する可能性である。マサースは団の教義の基盤となる材料をすでにエリファス・レヴィの著作や翻訳文献作業のなかに見出していた。

さて三首領たちは書物と手稿にあるテキストから「黄金の夜明け」のような複雑な秘教システムを構築するほどの立案者であったのか？　暗号文書はたまたま発見された古代の教義なのか、それとも黄金の夜明け団の首領たち自身の作品なのか？　どうにもマサースやウェストコットの初期の著作を読むかぎり、同じ人間が数年で黄金の夜明けのような複雑かつ統一のとれたシステムを開発できるとは信じがたいのである。

暗号文書は実在する。古代から伝わる品ではないにせよ、その内容から黄金の夜明けの枠組みが構築されるのは事実である。では暗号文書の作者はいったい誰なのか？　おそらく作者であろうと名前をあげられるのがケネス・マッケンジーである。かれは良質の教育を授かっており、著書も数冊あれば、雑誌を創刊したこともある。クリプトグラフィーすなわち暗号術の専門家でもあり、「クリプトニムス」の名前で文章を書いたこともある。またエノク魔術の部分はフレデリック・ホックリーが付け加えたという説も提唱されている。

黄金の夜明け団の位階構造は薔薇十字系のそれを採用している。第一団あるいは外陣（黄金の夜明け団）と、第二団あるいは内陣（ルビーの薔薇と金の十字架団）の2部制である。伝説上の存在として第三団があるが、これは「秘密の首領」のための象徴的存在であり、三首領以外の団員には接触不可能とされた。団員は第一団でさまざまなオカルティズムの基礎と理論を学び、第二団で魔術儀式を実践することになっていた。ニオファイト以外の団の位階はカバラの生命の樹の10のセフィロトに対応している。外陣の4位階は元素位階とも呼ばれ、それぞれ四大元素に照応する。

団の位階：

第一団あるいは外陣(黄金の夜明け)

ニオファイト（0＝0）
ジェレーター（1＝10）－マルクト－地
セオリカス（2＝9）－イェソド－空気
プラクティカス（3＝8）－ホド－水
フィロソファス（4＝7）－ネツァク－火

＊外陣と内陣の間にある入口の位階を「予備門」と称する。

第二団あるいは内陣(ルビーの薔薇と金の十字架)

アデプタス・マイナー（5＝6）－ティファレト
アデプタス・メジャー（6＝5）－ゲブラー
アデプタス・イグゼンプタス（7＝4）－ケセド

＊5＝6アデプタス·マイナー位階はさらにニオファイト／ジェレーター／セオリカス／プラクティカス・アデプタス・マイナーの４種の準位階に分かれる。

第三団(秘密の首領)

マジスター・テンプリ（8＝3）－ビナー
メイガス（9＝2）－コクマー
イプシシマス（10＝1）－ケテル

ウェイトはいつもの調子で黄金の夜明け団創立期の雰囲気を報告している。「当時、神智学協会周辺では大仰なオカルト団体の噂が流れていた。得体の知れない人物から突然手紙が舞い込み、差出人の名前のあとに謎めいた印形(いんぎょう)が記されていたりする。通信を受け取った人間がすでにメンバーなのかどうか確認しようとしているかのようだった。あちこちで息をひそめつつヒントだけが囁かれていて、実態は五里霧中だった……北部から来た人たちのなかに眼鏡職人がいて、いわく知る人は語れるとのこと。そう謎めかしつつ、とある組織の名前をあげた。スコットランド低地地方の荒っぽい客たちは現代世界の奇妙な出来事を語っていた。いろいろあって、最終的にマグレガー・マサース（すでに政治的意図からか父祖伝来の姓を追加していた）がこの闇にきらめく案件に関係していると判明した。ウィン・ウェストコットという名前も遠くにうっすらと見えた。マサースはオカルト全般に関するお笑い百科事典のような人物で、ウェストコットはいんちき達人たちの墓の上でホウホウと鳴く退屈なフクロウみたいなものだった。ウェストコットはかつて数に関して内容のない薄っぺらな本を編んでおり、さらに筆名を使ってヘルメス学と錬金術原典の小シリーズを編纂しているが、その1冊において〝ウィン・ウェストコットの記した数に関する論〟などとさりげなく言及する厚顔ぶり……口頭で、あるいは文書で、現代オカルティズムの真価を判断するための材料を収集すればするほど、集まってくるものはペテン師やいんちき医者のそれであった。しかし、ロンドンのホメオパシー関係者の間で無名とはいえない存在であったベリッジ博士がG∴D∴の重要性をわたしに説きはじめた。わたしを有望メンバーとして推薦したいという。ウェストコットやマサースといった連中を真に重要な運動と結びつけるのは困難というよりは不可能であったが――後者はかつて17世紀の詐欺師ジョン・ヘイドンを擁護してこう言った――なんらかの偶然でなにかを知ってる可能性はあるかもしれない。わたしのほうに参加する必要や希望がこれっぽっちもあるかどうかは別の問題だった。結局わたしは参加に同意したが、応募してみると即座に断られてしまった。それは予想できたことでもあったし、別に悲しくも悔しくもなかったのである」

ウェイトの入団を後押ししていた友人のエドマンド・ベリッジ博士はかなり執拗だったようである。ウェイトのコメントにいわく「わたしが入団を拒否されてもベリッジは落胆していなかった。もう一度応募しろという……結局わたしの入団はホーニマン博物館からさほど遠くない家で行われることになった。当時わたしはホーンジー・ライズに住んでいた。ルカスタは勇敢なアルテミスの如き女性であった。そこでわたしは皮肉めかした調子で彼女に語った――自分はこれから暗黒の冒険に乗り出すのであって、詳細は一切語ることができない、自分が戻らないようならスコットランドヤードに連絡せよと。それから場所と時刻に関してある程度の情報を与えておいた。幸か不幸かわたしを迎えた最悪の事態は混乱した象徴の羅列であり、適当なオカルト文献から適当に抜粋した一覧表だった。先に進もうとするなら一連の質問に答える必要があるという。かくして判明したことといえば、G∴D∴は公開済みの知識以外に伝えるべきことをなにも持っていないという実態だった。18世紀のドイツの薔薇十字団も同じような方法で同じような知識を伝達していたが、そちらのほうがずっと深遠だった。しかしそれとて、どこかにつながる可能性もなかったのである。団費を支払い、団員の身分が確定すると、だらだらとした団員生活が始まった。わたしはそれでも数ステップは進んでみた。とりあえずこの件を見届けようと漠然と考えていたからである」

かくしてウェイトは黄金の夜明け団に参加した。それはウェイトの人生と作品に重要な役割を果たすようになる。常に満足のゆく結果をもたらしはしなかったが、ともかくも団を通じて傑出した団員たちに出会うことになったのである。かれは1891年1月に99番目の団員としてニオファイト位階（0＝0）に参入している。1891年12月にはプラクティカス位階（3＝8）に昇進、1892年4月にはフィロソファス位階（4＝7）に達し、第二団参入の展望が開けている。しかしウェイトはそれ以上は進むことをせず、1893年には説明もなく引退してしまった。団における名前は「サクラメントゥム・レギス」（王の秘蹟）であった。団員名簿に署名したため、ウェイトは秘密の誓いを立てたことになっている。すなわち団の秘密を漏洩すれば懲罰を受けるのである。「団首領により必殺の力流が発動し、不可視の武器によって電光に撃たれたようにその場に倒れ、死ぬか麻痺する」という。ウェイトはこの誓いを後年のタロットに関する著述においても尊重している。

1896年、ウェイトは黄金の夜明け団に復帰し、友人のベリッジ博士を通じて団内の出来事につきあっていった。1899年3月にはついに第二団入りを果たすが、予備門位階を終えてアデプタス・マイナー儀式を受けたあとは団の活動には直接関与していない。第二団の団員である以上、魔術道具やエノキアン・タブレットを自作し、タロットの知識を学んでニオファイト・アデプタス・マイナーからセオリカス・アデプタス・マイナーへと昇進することを期待されているのだが、そのあたりを放置していたのである。

一方ロンドンのイシス・ウラニア・テンプルに続いて二つの英国支部、ウェストン・スパー・メアのオシリス、及びブラッドフォードのホルスが誕生している。さらにエジンバラにアメン・ラー、パリにアハトゥールが設置された。団に対する関心も大いに高まり、19世紀の終わりには団員数は300名余に達している。

ウッドマンが1891年に死去したとき、マサースがインペレーター職を引き継いでいる。しかしかれの権威主義的姿勢は外陣から内陣へと昇進してきた多数の団員たちには受け入れられるものではなかった。1896年、最初の深刻なトラブルが発生したとき、マサースは自分の権限を強化する目的で宣言書を発行している。同時に長年にわたる財政的支援者にして恩人ともいうべきアニー・ホーニマンを団から追放してしまった。ほどなくしてウェストコットが団の役職から退く事態も発生した。内務省がかれの検視官という公職と魔術活動の両立を困難と判断したためとされている。そして1900年、高圧的なマサースを首領に戴いたまま、黄金の夜明けの終末が始まるのであった。

崖っぷちから空に踏み出す最後の一歩がやってきたのは1900年、団のカンセラリアであった有名女優フロレンス・ファーが団の内紛をマサースに報告したときであった。当時パリに住んでいたマサースはファーのメッセージを曲解し、彼女がウェストコットの指導下で分派を結成しようとしていると思い込んでしまった。自分がまずい立場に追い込まれたと誤解したマサースは、ファーに対してウェストコットを信用するなと警告したのである。すなわち、ウェストコットは秘密の首領と連絡をとったことなど一度もなく、暗号文書も団の基盤そのものもウェストコットが作り上げたいかさまであって、その唯一の目的は自分を高い地位につけるためであったと言い放ったのであった。

マサースはこういった告発の具体的証拠を提出せず、ウェストコットはコメントを差し控えている。マサースはなんらかの行動が必要であると感じた。そこで第二団の団員たちに対して「地下納骨所」(クリスチャン・ローゼンクロイツの墓所を再現した象徴的舞台装置)の引き渡しと自分の権威の承認を要求している。この要求が無視されると、今度は当時気鋭の新人団員であったアレイスター・クロウリーを送り込んで第二団を物理的に制圧しようと試みた。この一件は両陣営にとって不細工な展開となり、最終的にマサースは自分自身の団から追放されてしまった。そして事態はこれで収まりはせず、さらに醜聞と内紛が続くことになる。

黄金の夜明け団団員は世間一般が知らない秘密知識を幅広く用いて修行するというのが建前である。かれらにとってそれは薔薇十字団から引き継いだ何世紀も前の奥義であり、暗号文書と秘密の首領との接触によってかれらにも伝えられたと思われていた。その根底がぐらついたのである。暗号文書はまず間違いなく偽物となった。権威は失墜し、ほどなく秘密の教義も儀式も世間一般の手の届くところとなるのであった。

ウェイトはもともと黄金の夜明け団の構造にも教義にも満足していなかった。魔術実践が多すぎると感じていたのだ。かれが秘教結社とその儀式や象徴体系に期待するものは青年時代に失ったカトリック信仰の代替物であった。1900年に黄金の夜明け団が分裂しはじめると、ウェイトは分派結成に乗り出した。かれにとって黄金の夜明け団は多くの点で失望させられる代物だったが、その儀式にはまだ魅せられるものがあったのである。かれの目標は団の方向をよりキリスト教神秘主義と薔薇十字方面に向かわせることにあった。やがて他の黄金の夜明け団団員のなかに同調者が現れるようになり、かれらとともに「儀式改定のための秘密委員会」を結成する運びとなった。かれらの狙いは、英国ではあまり知られていないメイソン系の儀式等を収集し、のちのち抗議が来ないよう既存の有名団体に関連する要素を慎重に排除しつつ、どことなくメイソン系と思われるような儀式群を編纂することである。こういった儀式の各要素が「ウェイト自身の団」の基礎を形成することになった。

1903年、黄金の夜明け団の内輪もめはいよいよ深刻となり、有力団員であるフェルキン博士の一派とウェイト派が折り合いをつけるのは不可能となり、団は分裂することとなった。解散手続きは複雑であり、関係者に大いなる疲弊をもたらした。合意に達しない事項は多数にのぼった。第二団の「地下納骨所」の所有権、暗号文書の正統性、第三団を共有するか否かの問題、首領に対してフリーメイソン経験を必須とするか否か、昇進の際の試験制度を存続するか撤廃するか、問題点が指摘されている儀式を使い続けるか否か。ウェイトとその信奉者たちはそもそも団の教義が第三団から伝達されたものかどうかを疑ってかかった。また第二団内部の昇進試験に関しても、それが首領による志願者拒絶の口実になるとして異議を唱えた。さらに首領はフリーメイソンでなければならないとしている（この時点でウェイトはフリーメイソンになっていた）。ウェイトは自陣営が少数派であることを自覚していたので、むしろ団を割ってそれぞれが互いの正統性を承認しつつ独立活動すること、その旨を明記した協定に署名することを提唱した。また第二団とその所有物はウェイトのグループが引き継ぐというのがかれの提案だった。

ウェイトの黄金の夜明け分派は小規模であったが、イシス・ウラニア・テンプルの所有も主張しており、1903年11月には「独立改定儀礼」（Independent Rectified Rite）という名称でその存在が確立している。第二団の位階はアデプタス・マイナーのみとされた。ウェイトは直ちに新団体用に儀式の書き直しに取り掛かった。

ウェイトについていかなかった旧団員の多数は別の分派に参加するしかなかった。かれらはそちらこそ黄金の夜明け団の真の再構築であると見なしていた。かれらは「暁の星」団（Stella Matutina）という団名を採用した。この分派の主力はパーシー・ブロック、R・W・フェルキン、そしてJ・W・ブロディ・イネスである。

両派は続く三年間は共存共栄していて、ときに協同することもあった。しかし暗号文書と秘密の首領をめぐる内紛がほどなく再勃発することになった。

ウェイトの独立改定儀礼には同格首領としてM・W・ブラックデンというベテランがいた。1914年、ウェイトとブラックデンの活動方針をめぐる不一致がもはや克服不可能となり、また自派の団員たちが実践魔術を完全にあきらめておらず、自分の宗教的かつ専制的な儀式を受け入れていないと悟ったとき、ウェイトは独立改定儀礼を解散している。これは同時にイシス・ウラニア・テンプルの終焉を意味していた。

しかしウェイトは薔薇十字を基礎とする団の夢を忘れられずにいた。1915年には独立改定儀礼の旧団員たちの小グループ「薔薇十字友愛会」（ＦＲＣ）を創立している。その目標は「神秘の合一」の追求である。儀式群は再び書き直され、エジプトや異教方面への言及は削除され、象徴体系はキリスト教と薔薇十字の価値観を優先するものへと変更された。ウェイトは儀式の荘厳さとテンプル内の静寂を愛していた。かれにとってテンプルと儀式は神的なものとの合一、神秘体験に近づくための場にして手段であり、かれの全人生はそれを目標としていた。同年ウェイトは神秘主義を扱ったかれの最重要作品と評価される『神的合一の道』を発表している。

薔薇十字友愛会はウェイトにとって生涯の活動の焦点となった。この組織は少人数ながら着実な活動を続けているが、名前を残した団員はほとんどいない。例外としてはタロットをベースにした小説『大いなる切り札』の著者チャールズ・ウィリアムスがあげられる。第二次世界大戦が始まり、ウェイトが老齢になるにつれ、ＦＲＣの活動も停滞している。

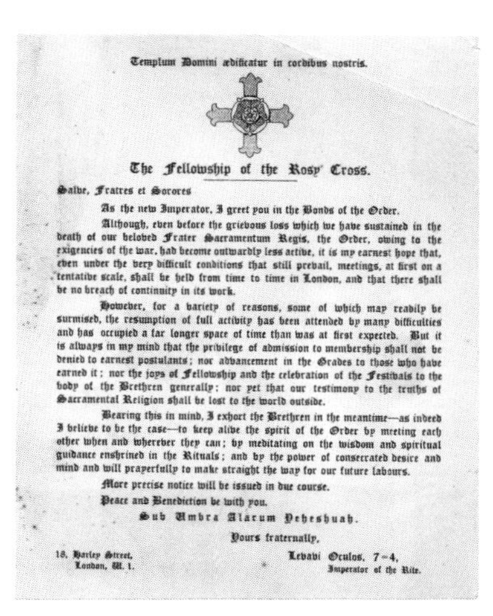
Templum Domini ædificatur in cordibus nostris.

The Fellowship of the Rosy Cross.

Salve, Fratres et Sorores

As the new Imperator, I greet you in the Bonds of the Order.

Although, even before the grievous loss which we have sustained in the death of our beloved Frater Sacramentum Regis, the Order, owing to the exigencies of the war, had become outwardly less active, it is my earnest hope that, even under the very difficult conditions that still prevail, meetings, at first on a tentative scale, shall be held from time to time in London, and that there shall be no breach of continuity in its work.

However, for a variety of reasons, some of which may readily be surmised, the resumption of full activity has been attended by many difficulties and has occupied a far longer space of time than was at first expected. But it is always in my mind that the privilege of admission to membership shall not be denied to earnest postulants; nor advancement in the Grades to those who have earned it; nor the joys of Fellowship and the celebration of the Festivals to the body of the Brethren generally; nor yet that our testimony to the truths of Sacramental Religion shall be lost to the world outside.

Bearing this in mind, I exhort the Brethren in the meantime—as indeed I believe to be the case—to keep alive the spirit of the Order by meeting each other when and wherever they can; by meditating on the wisdom and spiritual guidance enshrined in the Rituals; and by the power of consecrated desire and mind and will prayerfully to make straight the way for our future labours.

More precise notice will be issued in due course.

Peace and Benediction be with you.

Sub Umbra Alarum Yeheshuah.

Yours fraternally,

Levavi Oculos, 7=4,
Imperator of the Rite.

18, Harley Street,
London, W. 1.

ウェイトの死去を伝える薔薇十字友愛会文書（1942）

世紀の変わり目のタロット事情

英国にて出版された初期のタロット本の一冊がS・L・マサースの『タロット、そのオカルト的意味、占い術、遊び方』（1888、レッドウェイ社刊）である。ウェイトによればこの本は輸入デッキ（詳細不明）とともに販売されたという。おそらくマルセイユか同系統のイタリアン・デッキであったと思われる。マサースの小著はクール・ド・ジェブラン、エテイヤ、エリファス・レヴィといったフランスの作家たちのテキストに基づいており、ジェブランのタロット・エジプト起源説を提唱するものであった。マサースのヘブライ・カバラとタロットの大アルカナの照応論にとって重要なものが、紀元2世紀に書かれたとされるユダヤ人の神秘主義者ラビ・アキバ・ベン・ヨセフの著作『形成の書』（セフェル・イェツィラー）の研究であった。『形成の書』にある基本的なヘブル文字／占星術照応は、黄金の夜明けの教義の本体を形成する基本的象徴体系であった。儀式作業、エノク魔術、ジオマンシー、タットワ、占星術、金属、色彩、宝石、タロットといったものがすべて形成の書のシンボリズムに配属されてしまうのである。マサースが紹介するヘブル文字／大アルカナの照応はレヴィのそれと同一であり、大アルカナ一覧では「愚者」を0番にするフランス流を採用している。ただし0番「愚者」は大アルカナの20番と21番の間に配置されている。マサースはまた各カードの意味を簡略に紹介しているが、内容は主にフランスのオカルト関係者ポール・クリスチャンからの借用であった。

言及に値する詳細な点としては、マサースが一部の大アルカナに英語特有のタイトルを与えていることがあげられる。「魔術師（The Magician）」、「高等女司祭（The High Priestess）」、「神官（The Hierophant）、「電光に撃たれる塔（The Lightning-struck Tower）」、「最後の審判（The Last Judgement）」、「世界（The Universe）」などがそれである。かれはまた英語のタロット用語に「コイン」のかわりに「ペンタクル」という名称を導入している。

ウィン・ウェストコットは1887年に『形成の書』を翻訳しており、さらに同年にタロット関連の書物『ベンボー枢機卿のイシスタブレット』も発表している。1896年にはそれまで未発表だったレヴィの原稿を編集して『至聖所の魔術儀式』として翻訳出版している。同書には22枚の大アルカナの描写が一枚あたり数行ながらも含まれている。

黄金の夜明けタロット

タロットは黄金の夜明け団の各位階を通して使用されており、教義の重要な一部であった。位階を昇進するにはタロットの知識とそのカバラ照応に通暁(つうぎょう)する必要があった。この種の情報は「Tの書」と称される比較的短い文書にまとめられているが、これは第二団に達した団員にのみ閲覧が許されていた。タロットの現物デッキを手に入れるのも以前にも触れたように英国では簡単ではなかった。英国にはタロットでカード遊戯をする伝統がなかったため、フランスやイタリアで流通していたゲーム用デッキすら手に入らなかったのである。

黄金の夜明け団団員にとってタロット自作は必須ではなかった。第二団団員がアデプタス・マイナー用の魔術武器セットを自作するのとはわけが違うのである。しかしデッキの現物なしでタロットの作業をするのはほぼ不可能であったから、輸入もののデッキを入手できなかった、あるいは自分の理想とするデッキが欲しいという団員は、団の手順に従ってタロットを自作するしかなかった。団員のコピー元として貸し出されていたデッキはマサースの妻モイナが描いたものだったと伝えられている。

著名な黄金の夜明け団団員が作成した、あるいは所有していたデッキは数点が現存しており、書物で紹介されたりしている。一例を出すなら、ウィン・ウェストコットが所有していた16枚のインク画のコートカードは、ホルムス出版から出た小著に収録されているが、その題名『W・W・ウェストコットが描いた黄金の夜明けコートカード』(1996)は混乱をもたらすものである。同じ書物のなかでカードの作者は不明だがモイナ・マサースの可能性があると記してあるからである。

ウィリアム・バトラー・イエイツの所持品のなかにもタロットが何点か発見されている。その一部はカスリーン・レイン著『イエイツ、タロットと黄金の夜明け』（アイルランド、1972）に見ることができる。

1886年頃、ウェストコットは大アルカナを1セット描いている。タイトルはついていないが、番号はフランス伝統に従っている。デザインの一部はエリファス・レヴィの記述と『高等魔術の教理と祭儀』の挿絵に準拠しており、また部分的にはエテイヤ流も採用している。番号に加えて、レヴィ流のヘブル文字配属も入っていた。

黄金の夜明けの分派であるフェルキンの「暁の星」団でも〝オリジナル〟の黄金の夜明けタロットが使用され、団員たちが模写していた。1940年代から50年代にかけて、ニュージーランドの暁の星テンプルが黄金の夜明けタロットの線画版を作っている。団員が各々手で彩色することを前提としたものだったと思われる。フェルキンはかなり前にニュージーランドに移住しており、1912年には同地に「エメラルドの海」テンプル、のちの「ワーレ・ラ」を創設していた。フェルキンのタロットは、シンボルに関して細部に違いはあるものの、ウェストコットのコートカードのそれと大差がなかった。

さらに後年になると、黄金の夜明けの教義と「Tの書」の指示に基づくデッキが何種類も出版されるようになった。イスラエル・リガルディーとロバート・ウォンの「黄金の夜明けタロット」（1978）は暁の星版の原型に近いものとなっている（123ページ参照）。

生彩を放つウェイト＝スミス・タロット

ウェイトにとって「改定版タロット」を出すことは数年にわたる目標であり、それはライダー社との関係によって最終的に実現したのである。「わたしがライダーから出したまとまった著作は『ゲーティアにおける秘密伝統』が最初だった。その後の1910年に楽しい実験ともいうべきタロット占い用カードの出版が行われたのである。これらのカードはわが旧友エリファス・レヴィの高邁なる幻想によって『トートの書』などと称されていた」。タロットの存在はもはや秘教結社の内輪の秘密というわけにはいかなくなっていた。ウェイトはその事実を認識し、自分のタロットを作製して出版する時期が到来したと判断したのである。ただし矛盾というべきか、かれはいまだに自分のことを高等秘密教義の所有者であると考えていたかったのである。それはごく少数の同調者のみが獲得できる知識であるべきだったのだ。

パメラ・コールマン・スミスは詩人ウィリアム・バトラー・イエイツから黄金の夜明け団の件を聞き及んでいた。時期は1900年頃、パメラ宅で行われていた訪問日の席上である。パメラは自らの魔法名に「クォド・ティビ・イド・アリイス」（汝の欲するところを他者に施すべし）を採用して同団に参入し、アーサー・エドワード・ウェイトと出会ったのである。

『走馬燈』においてウェイトは記している。「その頃、非常に想像力に富み、かつ異常なまでに心霊的な画家が黄金の夜明け団に迷い込んできて、わたしが変更した儀式群を大いに気に入ったのである。彼女は儀式の裏にある意義に関してはわかったふりすらしなかったし、わかろうという努力も払わなかった。どうやら仲間うちに絵師がいるらしいと判明したので、適切な指示を与えれば美術界にもアピールでき、かつタロットという象徴の背後にある意義を若干なりとも示唆できるデッキを製作できるのではないかという話になったのである。そうすれば、これまでタロットを作製しても占いにしか用いなかった何世代もの人々が夢にも思わなかったような別の構成を、タロット象徴にまとわせることが可能となるかもしれない。わたしの職分は、より大いなるとある密儀に属し、かつ隠された形となっている大アルカナ中、特に重要なもののデザインをわたしが歩んでいた道に沿わせることにあった」(下線筆者。ウェイトの文章の全体は付録3を見よ)

ウェイトが記す「適切な指示」とはもちろん自分が出す指示である。かれは21歳年下のパメラ・コールマン・スミスの黄金の夜明け団での作業をあまり信頼していなかったようである。少なくとも自分の献身ぶりと比較すればお話にならないと感じていたのであろう。とはいえ5、6年ほど構想していた「新版の改定版タロット」を描いてくれる画家は必要だったのであり、その役にパメラ・コールマン・スミスが適任であると発見したのである。もちろんウェイトの主な関心事は大アルカナの象徴体系であり、小アルカナのデザインはある程度パメラに任せたようである。小アルカナは各スートのマークを適当に配置するというのが伝統的タロットのデザインだが、これをすべて絵札にするというアイデアがウェイトによるものかどうかはわからない。しかしパメラ・コールマン・スミスがこのアイデアをより発展させたのは確実である。またウェイトによる大アルカナの新たな順番は、もともとのフランス順番にかわってアングロサクソン世界の新基準になることとなった。

多くの点でパメラとウェイトは似た者同士であった。両者ともアメリカの出身であり、家族との縁が薄い。どちらも伝統的あるいはアカデミックな教育を受けていない(ただしパメラは短期間ながらプラット校で学んでいる)。この点が両者のきわめて個性的な自己表現法の原因なのかもしれない。また、二人とも印刷業界に関わったことがある。冒険ものやファンタジーが好きという点も似通っている。ウェイトは生涯を通じて大衆娯楽作品に興味を抱いていたし、パメラはジャマイカ民話やケルト民俗に関心を寄せていた。

パメラは表面的には遊び心に満ちた軽い感じの画家であり、黄金の夜明け団の作業もたいして真剣に受け取っていなかったように思われる。彼女本来の真摯さがウェイトたちに過小評価された一因がこのあたりにあるのかもしれない。彼女の絵を見れば、神話伝説や宗教シンボルに関する知識がしっかりしたものであることは明白なのであるが。

パメラ・コールマン・スミスがタロット製作の仕事を引き受ける少し前、大英博物館にソーラ家からの寄贈品としていわゆるソーラ・ブスカ・タロットの写真セットが収蔵されている。このデッキは長らくソーラ家に秘蔵されていた品で、印刷物として公表されたのは20世紀後半になってからという珍品であった。大英博物館によく通っていたウェイトがこのデッキのことをパメラに教えたのかもしれない。いずれにせよ彼女が小アルカナのアイデアをソーラ・ブスカ・デッキから得たのは明らかである。

パメラ・コールマン・スミスの着想の源泉としては、15、6世紀に製作された一連の寓意木版画もあげてよいだろう。そういったもののなかに、ウェイト＝スミス・タロットの背景によく似たものが見出されるのである。たとえばセバスチャン・ブラントの『愚者の船』などが代表的だが、この書物は近年（2002年）に故ブライアン・ウィリアムズを刺激して「愚者の船タロット」を作製させるに至っている。

ウェイト＝スミス・タロットにあるイメージの一部は、パメラが以前に描いた自作品の焼き直しである。さらに美術史家メリンダ・ボイド・パーソンズ博士は、ウェイト＝スミス・タロット中に登場する人物の多数がパメラの友人の肖像であるという説を支持している。たとえば「棒の女王」と「ペンタクルの9」の人物はエレン・テリーであり、「世界」のそれはフロレンス・ファーを描いていると思われるのである。

ウェイトは『オカルト・レヴュー』誌1909年12月号（後述）の記事において、タロット製作に当たってもう一人の人物に助力を求めたと記している。「われわれはこの主題に大変詳しいもう一人の人物にお手伝いいただいている」。この匿名の援助者はW・B・イエイツであると思われている。

結局のところ、パメラ・コールマン・スミスにとって78枚のカードを描くという作業は金銭のために引き受けた仕事であり、他の作業、たとえばニューヨークでの個展の準備や婦人参政権運動と同時進行させる程度の意味しかなかったのかもしれない。こういえば嫌な気持ちになる人がいるかもしれないが、認めざるを得ないであろう。彼女が78枚の絵を仕上げるのに要した時間は6カ月か7カ月である。すなわち平均して1カ月あたり10枚以上であり、これにウェイトからのコメントや助言が入り、訂正や描き直しが行われたと考えるのが自然である。フリーダ・ハリスがクロウリーの「トートの書」タロット製作に要した4年間（1938～1942）と比較すればたいした時間ではない。ウェイトがパメラの絵のほとんどをそのまま採用したのは明らかであろう。フリーダ・ハリスのデッキには多数の下描きや描き直したカード図案が残っているが、ウェイト＝スミス・タロットにはそういったものはまったく発見されていないのである。

ウェイトの役割

将来的に延々と売れ続けることとなるこのタロットの製作において、ウェイトが果たした役割はどんなものだったのか？　まず第一に、ウェイトがこの計画の発案者であった。かれなくしてはこれほど影響力を持つタロットは存在しなかったのである。かれはタロットの「改定」と出版を計画し、出版社とのコネを用いて発売までこぎつけた。エテイヤの占い用デッキを別にすれば、ウェイトは史上初のオカルト専用の78枚デッキを創り出したといってよい。無論、すでにヘブル文字付きの22枚デッキがオズワルド・ウィルトのデザインで1889年に出版されているが、ウェイトのデッキは78枚のフルデッキである。そしてパメラ・コールマン・スミスに声をかけて自分の発想に可視的表現を与えたのもウェイト自身であった。

ウェイトの懸念は、本人も述べているように、個々のトランプス・メジャー（残りの部分を小アルカナとして言及している以上、この呼び方は奇妙である）にそれぞれ真の秘教的意味を持たせることにあった。

ウェイトが採用した大アルカナの名称は、マサースが1888年に出した小著『タロット、そのオカルト的意味、占い術、遊び方』のそれとほぼ同じである。ただし「電光に撃たれた塔」は単なる「塔」に、「最後の審判」は「審判」となっている。マサースの「世界（The Universe）」はウェイトでは「The World」になっている。また、マサースがコイン用に使った表現「ペンタクル」はそのままウェイトも使用している。

ウェイトはタロットに対してなにをしたのか？　ウェイト＝スミス・タロットはフランスやイタリアのゲーム用デッキとどう違うのか？　無論、小アルカナの剣、棒、杯、貨幣という通常の4スートの数札をすべて絵札にしたという相違点は明白である。ウェイトの「改定版タロット」の目的は黄金の夜明け団の文書、とりわけ「Tの書」にある教義に沿ったデッキの製作にあった。かれは大アルカナのフランス順番とヘブル文字配属、さらにレヴィ、パピュス、ウィルト等が採用する生命の樹への照応を拒絶している。ウェイトによれば、フランス流の配属は明らかに間違っていて、かれが要求する秘教体系の役には立たないという。かれとしては他の主要秘教教義と結合してきちんと機能する体系が欲しかったのである。

ウェイトにとって大問題だったのは、いわゆる「秘密教義」を世間一般や読者に開示することなくこの訂正を行いたいという点であった。黄金の夜明け団に入ることで得られた知識は、これを明かしてはならないという秘密の誓いがあるのである。

大アルカナとヘブル文字の照応、そしてカバラの生命の樹への配属に関する黄金の夜明けの原典の一つがラビ・アキバ・ベン・ヨセフの『セフェル・イェツィラー』（数と文字の書）である。『セフェル・イェツィラー』は象徴的な語り口で宇宙とその創造を描写し、「生命の樹」として知られる10の球体（セフィロト、単数形セフィラ）と球体をつなぐ22本の小径を紹介する。22本の小径には22のヘブル文字と数値と意味が割り当てられる（86ページの図を参照せよ）。ヘブル文字とタロットの関連はすでにド・メレ伯爵がクール・ド・ジェブランの記念碑的大作『原初世界』第8巻において簡略ながらも指摘している。

ウェイトはレヴィの『高等魔術の教理と祭儀』を英訳しているため、同書にあったヘブル文字と大アルカナの並び順の配属作業はすでに経験済みだった。第二団のアデプタス・マイナーにまで昇進した団員としてのかれは、外陣のタロット文書だけでなく、クリスチャン・ローゼンクロイツの墓所にて本人の没後120年後に発見された羊皮紙の書とされる「Tの書」も閲覧できる立場にあった。実際のところ、「Tの書」はウェストコットとマサースの合作であり、両者のカバラ研究の産物と思われる。1888年の小著ではフランス流配列を用いていたマサースが、いつ、どのような理由で愚者＝アレフ配列を採用したのか、それは判明していないが、ともあれウェイトもこの配列に従うようになるのである。

愚者の配置

「改定版タロット」を製作するにあたって、ウェイトの懸念の一つが「愚者」の位置であった。「大アルカナをヘブル文字に配属する際に混乱があれば、タロットにおけるヘブル系象徴体系そのものが破綻してしまう。さてここに無番号のカードがあり、無番号ゆえに解釈次第でどこに配置してもよいわけである。事実、これまで不案内な人間が個人的判断だけで配置してきたり、あるいは自称事情通が故意にミスリード目的で配置したりすることもあり、すべて間違った場所に置かれてきた。結果として、全員が途方に暮れているといってもよい。言わせてもらえば、真のタロットの象徴体系はごく少数の人間の手に委ねられているのであって、部外者はカードを好き勝手に組み合わせたり配属したりしているだけで、決して正しい道を発見することはないのである」

「愚者（The Fool）」

こう記すことでウェイトは、「愚者」を適切に配置することが大アルカナの並び方の鍵になると認めている。「愚者」の位置によってパズル全体が一個の綜合となるのである。ウェイトはまた、その鍵を所有する参入者たちの内的サークルが実在すると述べている。この内的サークルとはもちろん「黄金の夜明け」団であり、鍵は無番号の「愚者」を大アルカナの並び順の先頭に置くことである。そうすれば最初のヘブル文字アレフが「愚者」に割り当てられ、最後のヘブル文字タウは21番の世界に当たる。レヴィの配列では、最初のカードは「魔術師」であり、そうなるとヘブル文字と大アルカナの照応はまったく異なるものになってしまう。

ウェイトは『タロットの鍵』と『タロット図解』において、自分自身の愚者の配置を「大アルカナに関する結論」なる章のなかでコメントしている。「わたしはこれまで各カードの位置を、カード同士の相互関係のなかで改定しようと試みることはなかった。ゆえにゼロは20番のあとに出現するが、だからといって「世界」を21番以外の番号にすることはないよう配慮してきたのである。ゼロはどこに置かれることになっても無番号のカードなのだ。本章の結論として、全象徴中、最も雄弁な「愚者」に関してさらなる示唆を行っておきたい。かれは外への旅、最初の流出の状態であり、霊の恩寵にして受動性なのである」。

ここでウェイトはかれの思う正しい配列に関してすべての手がかりを与えている。「愚者」は無番号であり、最も雄弁である（すなわちタロット配列の先頭に立つ）。外に向かう旅にして最初の流出である。しかしこう述べつつもウェイトは、いざ実際の配列となると『タロットの鍵』においても『タロット図解』においてもフランス流に従って「愚者」を20番と21番の間に置くのである。

ヘブル文字・占星術・大アルカナの対応関係

ヘブル文字		形成の書（占星術的照応）	レヴィ配属（フランス式）		暗号文書＋ウェイト	
アレフ	א	空気／霊	I	魔術師	0	愚者
ベス	ב	土星	II	高等女司祭	I	魔術師
ギメル	ג	木星	III	女帝	II	高等女司祭
ダレス	ד	火星	IV	皇帝	III	女帝
ヘー	ה	白羊宮 *	V	神官	IV	皇帝
ヴァウ	ו	金牛宮 *	VI	恋人たち	V	神官
ザイン	ז	双児宮 *	VII	戦車	VI	恋人たち
ヘス	ח	巨蟹宮 *	VIII	正義	VII	戦車
テス	ט	獅子宮 *	IX	隠者	VIII	剛毅
ヨッド	י	処女宮 *	X	運命の輪	IX	隠者
カフ	כ	太陽	XI	剛毅	X	運命の輪
ラメド	ל	天秤宮 *	XII	吊られた男	XI	正義
メム	מ	水	XIII	死	XII	吊られた男
ヌン	נ	天蝎宮 *	XIV	節制	XIII	死
サメク	ס	人馬宮 *	XV	悪魔	XIV	節制
アイン	ע	磨羯宮 *	XVI	塔	XV	悪魔
ペー	פ	金星	XVII	星	XVI	塔
ツァディ	צ	宝瓶宮 *	XVIII	月	XVII	星
コフ	ק	双魚宮 *	XIX	太陽	XVIII	月
レシュ	ר	水星	XX	審判	XIX	太陽
シン	ש	火		愚者	XX	審判
タウ	ת	月	XXI	世界	XXI	世界

「正義」と「剛毅」の交換

十二宮と関連する12枚の大アルカナ（上記の表中に＊の印）に注意を払うなら、フランス配列から2枚のカードを交換すれば、各カードのイメージと『セフェル・イェツィラー』にあるヘブル文字配列及び占星術配属が見事に合致することになるのは明白である。2枚の大アルカナとは8番の「正義」、そして11番の「剛毅」である。

ウェイトは「剛毅」を8番に、「正義」を11番に配置したが、これは以前のタロットにはまったく見られない並び順である。ウェイトはこの交換に関して『タロットの鍵』で述べている。「わたし自身が納得する理由により、このカードは通常は8番である『正義』と交換された。この変更は読者にとってはなんの意味も有さないため、説明する必要もない」（なんという言い草！）

「正義」は、天秤宮の伝統的象徴である天秤が描かれている唯一の大アルカナであるから、これを天秤宮に配するのは適切であろう。そして「剛毅」にはライオンが描かれているため、これを獅子宮に割り当てる。またカードが有する獅子宮的性質を強調するべく、獅子宮の占星術記号をライオンのたてがみのなかに描き込むのである。

この交換はウェイトの創造的思考の産物だったのか？　答えはノーである。同じ配列が暗号文書中にも見られるからである。

面白いことにウェイト自身がこの変更を混乱させている。『タロットの鍵』（初版1910年）では大アルカナが3回リスト化されているが、第1部では「正義」8番、「剛毅」11番となっている。しかし同じ本の第2部では「剛毅」8番で「正義」が11番である。第3部ではふたたび「正義」8番、「剛毅」11番に戻っている。出版過程がいいかげんという

上●「正義（Justice）」
下●「剛毅（Strength）」

「恋人たち（The Lovers）」

か、ちゃんとしたゲラ読みもできなかったことを示しているといえよう。

「恋人たち」

ウェイトの大アルカナのデザインは大部分が伝統的なイメージ、たとえばマルセイユ版に近いものとなっているが、明らかに異なるものが２枚ある。「恋人たち」と「太陽」である。

ウェイトの配列では、６番「恋人たち」に配属されるヘブル文字はザインであり、その占星術配属は双児宮である。伝統的なデザインの「恋人たち」は、十字路に立つ三人の人物を描く。若者が二人の女性――若い女性と年長の女性――に挟まれていて、悪徳と美徳の間で悩んでいる図といってもよい。すなわちこの札は選択の札であり、自分の家庭を築くために別離を決断する札でもある。頭上で弓矢を構えるクピドがこの解釈を示唆している。ウェイトは場面を変更し、人物を二人に減らしてアダムとイブにし、エデンの園の光景を描いている。伝統的三人図を二人図にすることで双児宮への対応が可能になったのである。ウェイトのデッキでは、「恋人たち」は人物を二人描く唯一のカードとなった。すなわち「太陽」にも変更が加えられたからである。

「太陽」

伝統的な「太陽」の図柄は、裸体の少年少女が腕を組んでぎらつく太陽のもとに立つというものである。ウェイトの図柄では、馬にまたがる裸体の少年が左手に旗を持っている。子供が一人になってしまえば、この札を双児宮と関連付ける理由も見当たらなくなる。そして無論のこと、この札の正しい占星術配属は輝く太陽そのものである。子供の黄色の髪と花輪も、子供と馬の背後の壁に見えるヒマワリも、すべて太陽の象徴である。

「太陽（The Sun）」

ウェイト自身は自分がなした新たな創造に関してこう述べている。「象徴体系の変化によってデザインが影響を受けた点に関しては、すべてわたしに責任がある。大アルカナについては、研究者の間で賛否両論が出ること必定（ひつじょう）であろう。ゆえにこの場で明言しておきたいが、わたしはなにを言われようとも気にしないであろう。タロットに関しては秘密伝統があり、タロットのなかにも秘密伝統が納められている。わたしは一定の限界を超えない範囲内で秘密伝統に従っているのである。この種の物事には画すべき一線があり、また個人的名誉に属する部分もある。この伝統は2部構成になっていて、片方が文字になった以上はいつ白日のもとにさらされるか時間の問題のように思われるであろうが、そうはならない。なぜかといえば、他方が伝達されず、いまだ少数者の手元にあるからである。ゆえにわたしを昨今の作家たちと一緒に考えてもらっては困る。なんでも好きに発言していいと思っているような連中とは違うのである。わたしとかれらとでは同じ言語を話してはいないのだ。また、なにもかも話すと言っている人々とも区別していただきたい。かれらは行き当たりばったりで語っているだけで、秘密を開示するための本質的必要性など持ち合わせてはいない。わたしとしては、語れることは語ってきたつもりである。そのこと自体が一つの真理の形なのであり、特別な調査のための資格が期待できない外的サークルにあってはこれ以上のものは期待できないし、必要もないといえる」

ウェイトの大アルカナ全般はかれの薔薇十字及びフリーメイソンリーに対する関心をあらわにしている。薔薇、十字、星、ペンタグラム、スフィンクスや柱といったシンボルがカード中に散見される。デザイン中にヘブル文字を登場させてはいないが、それをするとカードと文字の対応が明らかになってしまうので、最後の秘密としてとっておいたのである。またフランス配列を採用してヘブル文字とカードの照応に矛盾が出てしまう事態も避けたいのである。そこでウェイトはこう述べている。「またわたしは現在流行しているカードとヘブル文字の配属を採用していない。その理由はまず、初歩的な手引書にそういったものを掲載しても無益であること、次に現行の配属がすべて間違っていることがあげられる」。『タロットの鍵』にある3種のリストにおいて、かれはいまだ「愚者」を20番と21番の間に配置している。これはレヴィのフランス流なのであって、ウェイトのコメントは以下の通り。「この配置は表面的には馬鹿げていてたいして意味もなく、また象徴体系の点でも誤っている」

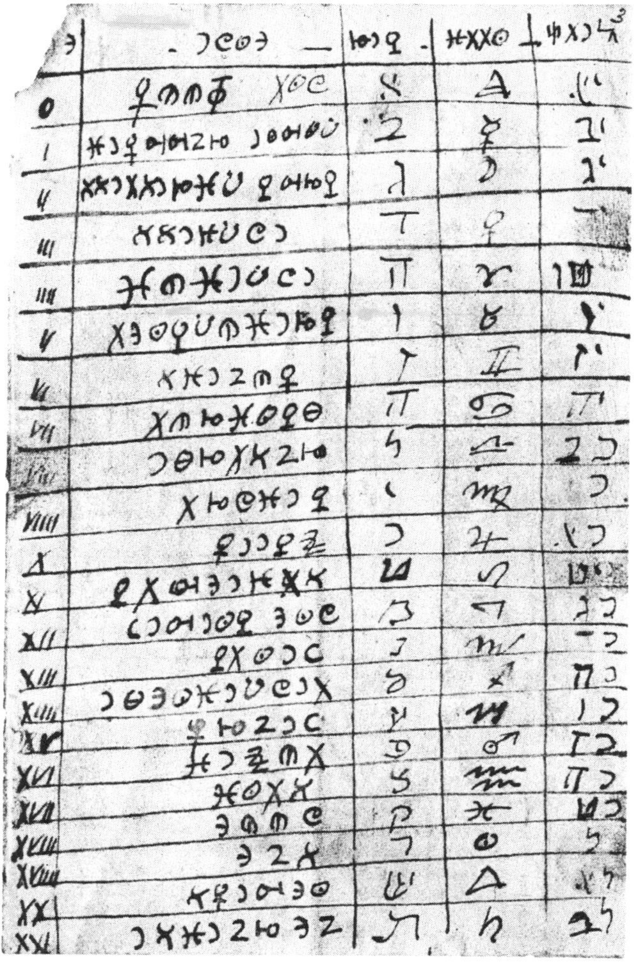

黄金の夜明け団結成のきっかけとなった「暗号文書」（フォリオ38）。右から『形成の書』の小径、元素／惑星／十二宮照応、ヘブル文字、大アルカナの称号と番号。この時点ですでに正義VIIIと剛毅XIが交換されている

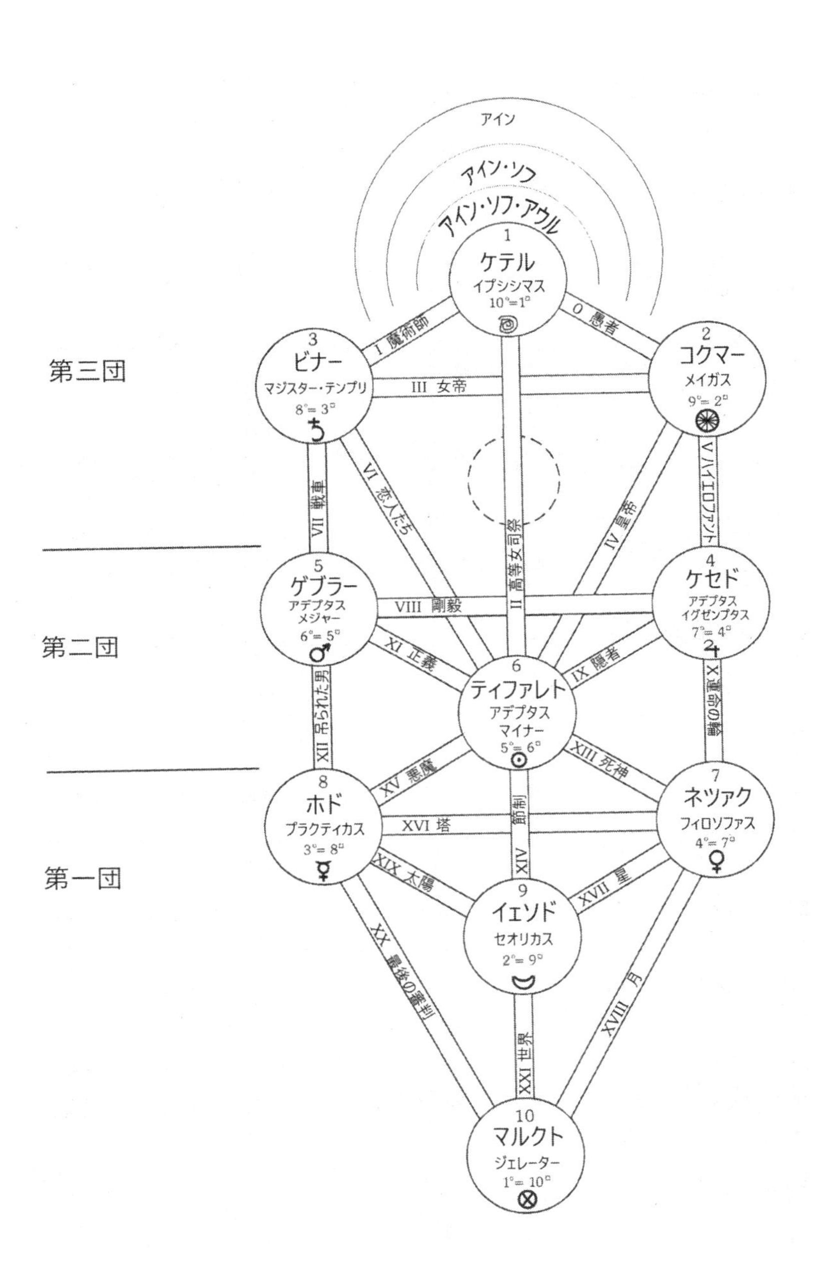

黄金の夜明けの「生命の樹」図。セフィロト名、位階名、小径に照応する大アルカナ

ウェイトの小アルカナ

ウェイトの四大元素と4スートの対応はレヴィやマサースのそれと同一で、「棒＝火」、「杯＝水」、「剣＝空気」、「ペンタクル＝地」である。この元素対応はエースやコートカードでも明白であるが、一部の数札は元素への対応をデザイン面で表現している。すなわち水のカードには魚がいて、火のカードにはサラマンダーがいるといった具合である。ウェイトは『タロットの鍵』においてタロットの4スートと聖杯象徴との関連を示唆しているが、その意味に関する情報は与えてくれない。ウェイトが行わなかったことの一つが、「Tの書」の指示に従ってコートカードの名称を変更することであった。クロウリーは後年の『トートの書』において「Tの書」のコートカード配列を採用し、騎士、女王、王、小姓（あるいは王女）という順番を紹介している。

ウェイトの主な関心事は大アルカナと各エース、それにコートカード群であった。数札のイメージにどれほど関心があったかは定かではない。こういったテーマで描いてくれとパメラ・コールマン・スミスにざっとしたメモを渡すくらいのことはあったかもしれない。「Tの書」には大アルカナのデザインの指示はあるが、小アルカナの場面に関してはなにもなく、解釈のためのキーワードが数行記してあるだけである。おそらくパメラ・コールマン・スミスがウェイトから受け取った指示はせいぜいこれらのキーワードだけだったと思われる。

2から10までの数札のもう一つの側面は、これらが十二宮の36デカンに照応するという点である。黄金の夜明け団では大いに強調されていた教義だが、ウェイトはまったく触れていない。

「ペンタクルの10」には若干の解説が必要であろう（「Tの書」ではこのカードは「富の主」と呼ばれていて、「老齢と大いなる財産」に関連付けられている）。このカードはウェイトの個人的影響を最も露骨に示すカードであり、タロットとカバラの関係を明確にあらわしているからである。ここに描かれている10個のコインの配置が「生命の樹」のセフィロトのそれであることは明らかであって、本来ウェイトはこの点は内緒にしておきたかったはずなのだ。また、少しわかりにくいが前景に描かれている老人のローブに「ウェイト（W-A-I-T-E）」のモノグラムが見てとれる。後年のオースチン・スペア風の印形といってもよいかもしれない。細部に関していえば、パメラ・コールマン・スミスはすべてのカードの右下隅に特徴的なモノグラムを書き込んでいる。唯一の例外が「愚者」である。このカードでは彼女のサインはカード中央下部のごちゃごちゃした線のなかに横向きで隠されている。面白いことに、これが一番よくわかるのがパメラC版である。

上●「ペンタクルの10」 下●老人のローブに記された「W-A-I-T-E」のモノグラム

カバラ系のタロット研究者たちは無論のこと、各カード、とりわけ大アルカナのあらゆる細部を綿密に研究してきた。結果としてウェイトが読者大多数には秘密にしておこうとしていたカバラ関連の手がかりも明らかになっている。「女帝」の金星マーク、「皇帝」の玉座の羊、「高等女司祭」の足元にある月の印形といった占星術関連は一目瞭然だが、練達のカバラ研究者たちはそんなレベルにとどまりはしない。たとえば「愚者」の犬の姿勢にヘブル文字のアレフとベスの組み合わさった形を見出し、これこそが「愚者」がカード順番の先頭に立つ証であるとする。この論のサポートとして、愚者が右から左へ歩いている点をとりあげ、ヘブル文字を読む方向と一緒であるとするのである。カバラ系のタロット研究者によれば、多数のカードにこの種の入り組んだヒントが隠されているそうである。服のひだ模様にもヘブル文字が隠されているが、それがわかりやすいカードもあれば、

左上●「女帝（The Empress）」
右上●「皇帝（The Emperor）」
左下●「高等女司祭（The High Priestess）」
右下●「愚者」の一部拡大図。犬の姿勢がヘブル文字アレフを表しているといわれている。パメラ・コールマン・スミスの署名がおそらく犬の下の線のなかに隠されている

そうでないカードもあるとのこと。

ケルト十字スプレッド

『タロットの鍵』(1910年版)においてウェイトは「長年イングランド、スコットランド、アイルランドで個人的に使われてきた」占い法を紹介しており、これが『タロット図解』(1911)と後年の『タロットの鍵』の版で「ケルト十字法」と呼称されることになった。「Tの書」に記されている黄金の夜明け団流の占い法は完遂に数時間はかかる複雑な代物で、いくつものスプレッドを用いる必要がある。この点、ウェイトは覚えやすくて使いやすいシステムを提供したといえる。ウェイト=スミス・タロットと同様、ケルト十字スプレッドはタロットユーザーのスタンダードとなった。その後のタロット本でケルト十字法やその派生物を紹介していない著作は皆無といってよいくらいである。ウェイトがどこからこのスプレッドを仕入れてきたかは不明だが、当時はケルト的なものすべてが興味の対象であったという点は覚えておいてよいかもしれない。

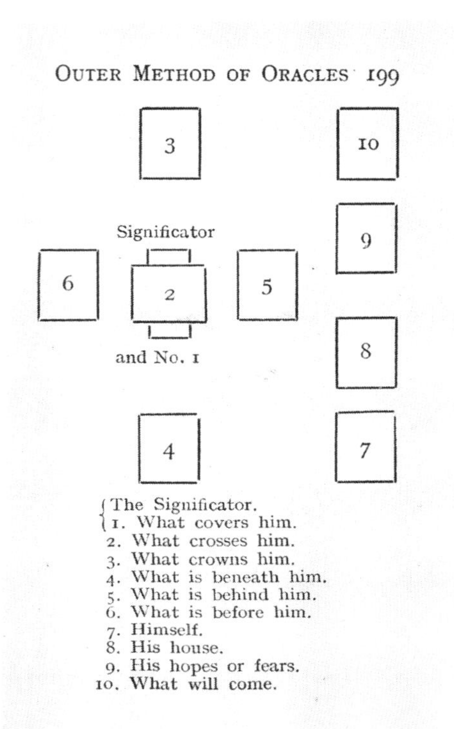
OUTER METHOD OF ORACLES 199

The Significator.
1. What covers him.
2. What crosses him.
3. What crowns him.
4. What is beneath him.
5. What is behind him.
6. What is before him.
7. Himself.
8. His house.
9. His hopes or fears.
10. What will come.

ウェイト著『タロットの鍵』1920年第2版にあるケルト十字スプレッド

『鍵』とウェイトの秘密主義

前述のように、ウェイトのタロットは『タロットの鍵』(フルタイトルは『タロットの鍵—占術のヴェイルに隠された秘密伝統の断片』)と同時発売であった。この書はサイズこそ小さいが、194ページを費やしてデッキの細部を解説している。内容は3部構成となっていて、第1部は「ヴェイルとその象徴、歴史解説」、第2部は「ヴェイルの背後の教義、象徴体系の解釈」、第3部は「世俗の神託術」である。ウェイトは第2部と第3部で78枚のカードすべてを取り上げ、一般読者にはこの程度でよかろうという感じで図柄と象徴体系を解説している。第一部では大アルカナを扱っても、象徴体系はざっと記すだけである。第2部では実際のウェイト＝スミス・タロットの図柄に言及する。実質上書物の3分の1に相当する第3部ではカード・リーディングの実際や全78枚の占い上の意味を記している。

ウェイトはまた引用元の著者や著作に関して、本文中のみならず参考文献一覧においても論評している。一部の著者たちが作品中で提示したタロットの起源論はほぼすべて手厳しく批評された。クール・ド・ジェブランのエジプト起源説などはもちろんまったくのナンセンスであった。ウェイトは1909年の時点でそれをわかっていたが、わたしたちは現代のタロット本でも同様の主張を見ることができる。ウェイトにとって、タロットの歴史は14世紀以前にはさかのぼらないことは明白であったし、秘教及び占術目的で作製された最初のタロットはエテイヤがデザインしたものであることもわかっていた。そしてウェイトはエテイヤをあまり好きではなかった。

『タロットの鍵』においてウェイトは数回『カード占いの手引書、占いとオカルト占術』に言及している。同書は「グランド・オリエント」の筆によるものであり、ウェイトはこの本を他の多少なりとも学術的なタロット本よりも評価している。それは当然というものであって、実は同書はウェイト本人が書いたものだったのである（しかもオリジナルではなく、1863年にオルニー・リッチモンドが出した『星が教える未来の信仰』というアメリカの本を焼き直した代物だった）。

『カード占いの手引書』［当初は『カード占いの手帳』として刊行］の初版は1889年という早い時期にレッドウェイから出ている。いろいろな占いの方法が紹介されていて、詳しく説明するものあれば名前を出すにとどめるもの、どんな占いなのか見当もつかないようなものまでが紹介されている書物である。さらに普通のプレイング・カードを用いた占い法に関して短いながらも一章が費やされていた。1909年には増補改訂版が登場し、題名も『カード占いの手帳』から『カード占いの手引書』に変更された。増補改訂版を出したのはもはやレッドウェイ社ではなくライダー社であり、刊行日はウェイト＝スミス・タロット発売後ほどなくしてであった。この新版にはタロット占いに関する新章が追加されていて、いわく「聖なる言葉と高次の幸運の書」とのこと。ここでもウェイトは――グランド・オリエントの名前で――自分のタロットを「予言的洞察力を増進する上で最も生産性の高いモード……すべての札が神聖文字に覆われており……オカルト科学の神秘と深く結びついている」と推奨している。またグランド・オリエントの名前であってもウェイトは秘密主義の姿勢を崩さない。「グランド・オリエントの名のもとに長らくその正体を秘匿してきたオカルト研究者たるわたしが、この秘密の神殿においてなんらかの役割を演じていると想定されるならば、なおのこと神秘を明らかにする光を放つなどあり得ないとわかるであろう」

ウェイトの『タロットの鍵』は、ウェイト＝スミス・タロットを購入した人、とりわけ同梱の書からタロットの壮麗と複雑性を学ぼうと思っていた人にとっては大変残念な代物だったにちがいない。しかし同書は嘘はついていないのである。副題に「秘密断片」とあるように、内容は断片だけなのだ。ウェイトは全編を通じてカードを秘密のヴェールに包み込み、読者には表面的な情報しか与えていない。タロットは限られた人間あるいはオカルト集団の内輪のなかで守られるべき秘密知識であるという発想を捨てきれないのであって、その点は本文中で何度も繰り返されている。「本書は改定版タロットを紹介する目的で記されたのであり、世間に公表してよい範囲内でタロットに関する飾り気のない真実を教えるものである……一連の象徴とその至高の意味に関しては、すでに秘密伝統の一部を受け取っている人には理解されるであろう。より重要な大アルカナに割り当てられた口伝の意味については、過去に公表されている配属の愚かしさと詐欺ぶりを無効にするために記されたのであって、その真実は自ずと明らかになるであろう……わたしの公表にもある程度の留保があるのは残念だが、これは名誉の問題でもあるのだ」

『タロットの鍵』の初版は1910年の出版であり、翌1911年には『タロット図解』が登場している。この本にはパメラ・コールマン・スミスの線画が収録されただけでなく、各大アルカナの解説が50語から200語ほど増えており、小アルカナのほうにも数語の追加がある。編集の際に行われた訂正はごくわずかにとどまっている。この追加は1920年のいわゆる新版『タロットの鍵』でも温存されたが、全体のページ数を抑えるためか、注釈入り参考文献一覧はカットされてしまった。

永遠には守れない秘密……

秘密を守るというウェイトの努力は水泡に帰した。黄金の夜明けの激変期にアレイスター・クロウリーとその弟子たちが入ってきたのである。クロウリーの目的は団の位階を可能なかぎり上昇することにあり、マサースにせよ誰にせよ他人から許可をもらうなど無用のことと考えていた。クロウリーにとって、団の作業とはより高次元の秘教知識と魔術能力を得るための個人的探究であり、次のステップに移行する時期が到来したという判断を行うのは自分自身以外にあり得ないのである。クロウリーはマサースの認可など待たずにアデプタス・メジャー、アデプタス・マイナーと自己昇進していった。この分派活動の結果、クロウリーと支援者たちは1907年に自らの秘教結社「アルゲンテウム・アストルム」(銀の星)を創始したが、儀式はいまだ黄金の夜明け団のそれを用いていた。

クロウリーは団内の秘密主義を快く思っておらず、1908年にはウェストコットが黄金の夜明け団創立のすべての土台である「暗号文書」を公開すべきであると主張している。そしてクロウリーはその旨を書簡にてウェストコットに申し入れているが、当然ながら反応はなかった。そこで1909年、クロウリーは『777の書』を出版してあらゆる秘教体系の照応を一覧表にした。そのなかにはこれまで固く守られてきたヘブル文字とタロットの秘密配属も含まれていたのである。

これに対してマサースは出版差し止めの申し立てを行い、一定期間の差し止めには成功したが、それを恒久的なものにするには資金が不足していた。クロウリーは出版を続行し、黄金の夜明け団団員が明かさないと誓った魔術教義をすべて公開してしまった。黄金の夜明け団の秘密の日々は終わったのである。これが起きたのはウェイトが自分のタロットと解説書『タロットの鍵』を世に送り出したのと同じ年であった。

クロウリーの『777の書』は限定版の豪華な出版物であったから、多数の読者は望めなかった。しかし1910年5月の『オカルト・レヴュー』誌（第11巻5号）には「V・N」という頭文字の匿名筆者が「タロット・トランプの秘密」という記事を書いている（このV・Nはクロウリーの弟子ヴィクター・ニューバーグの可能性あり）。この匿名記事ではタロットの並び順やウェイトのデッキにある手がかり、さらに『セフェル・イェツィラー』からヘブル文字の照応が紹介され、記事の付録として『777の書』から6種の一覧表も再録された。1912年にはクロウリー自身の雑誌『春秋分点』に「Tの書」がまるまる再録されてしまった。

ウェイトが『777の書』の刊行に気付かなかったはずはないのだが、おそらく多数の読者のもとには届かないと思っていたのであろう。ウェイトは黄金の夜明けのタロットの秘密を明かさないという誓いを立てていたので、これを守り続けたのである。

この点でウェイトの『タロットの鍵』と『タロット図解』は決定的に失敗してしまった。秘密が存在する、著者である自分がその秘密を知っていてそれを守る立場にあるとほのめかし続けることで、ウェイトは読者との間に距離を置いてしまった。おまけに『タロットの鍵』が出版されたとき、それはすでに秘密ではなくなっていたのである。クロウリーの背信行為は唯一の事例ではなかった。1937年にはイスラエル・リガルディーが暁の星団参入によって得られた黄金の夜明け文書をすべて4巻本で出版している。秘密結社の時代はついに終わったのであった。

ウェイト＝スミス・タロット以降のウェイト

1916年に創立した薔薇十字友愛会（FRC）で使うべく、ウェイトは「小径の大いなる象徴群」と称される新たな一組のタロットを作り出している。絵を担当したのはFRCの会員の一人、ジョン・ブラムス・トリニックである。この人は団のインペレーターの装束をまとったウェ

トリニック＝ウェイト・タロット　左●XIX　中央●XXVI　右●XXXII

イトの肖像画も描いている。新タロットは23枚のプレートであり、内訳は0が1枚、XIからXXXIIまでの22枚である。大部分にＪＢＴ（ジョン・ブラムス・トリニック）というサインが入っていて、1921年から1922年に描かれたものと思われる。ただし0とXIは1923年の製作で、画家はウィルフリド・ピペットである。0を別にすると、プレートの数は生命の樹の22の小径と合致する。プレートの多くはタロットの図柄と一定の共通点を有している。ただし0、XV、XIX（図版参照）は伝統的なタロットの図柄とは比較不可能である。次ページのリストでクエスチョンマークがついているものは同一性に疑問の余地があるが、とりあえず現時点ではベストの推測であろう。「愚者」と「剛毅」は一覧表に入っておらず、ゆえに論理的には0、XV、あるいはXIXのいずれかとつながるものと推測される。

0		-	（聖餐を供える司教）
XI	アレフ	-?-	IV 皇帝
XII	ベス	-?-	III 女帝
XIII	ギメル	=	X 運命の輪
XIV	ダレス	=	VII 戦車
XV	ヘー	-?-	（有翼の裸女、天使か？）
XVI	ヴァウ	=	I 魔術師
XVII	ザイン	-?-	XIII 死
XVIII	ヘス	-?-	II 高等女司祭
XIX	テス	-?-	（天使に向かって上昇する人物）
XX	ヨッド	=	IX 隠者
XXI	カフ	=	XX 審判
XXII	ラメド	=	V 神官
XXIII	メム	-?-	XII 吊られた男
XXIV	ヌン	=	XIX 太陽
XXV	サメク	=	XV 悪魔
XXVI	アイン	=	VI 恋人たち
XXVII	ペー	=	XIV 節制
XXVIII	ツァディ	=	XVIII 月
XXIX	コフ	=	XI 正義
XXX	レシュ	=	XVII 星
XXXI	シン	=	XVI 塔
XXXII	タウ	=	XXI 世界

＊「-?-」はタロット画像と直接的ではないが一定の類似性が見られる関係。
＊（　）でくくられたイメージはタロットとの関連が見られない。

プレート番号0番は通常の「愚者」の特徴をなんら有していないが、ともあれこれを「愚者」とするなら、XIからXXXIIまでのうち、どの札をエクストラカードとするのか、なにを象徴しているのか、それが問題となるであろう。ウェイトの秘密主義傾向はここに至っても不変なのである。あるいはまだ守るべき秘密を持っていたのか。そうでないとすれば、これらの「大いなる象徴」群によって秘密を創り出したといえるであろう。

1923年、ウェイトはクヌート・シュテンリングの『セフェル・イェツィラー』翻訳本に序文を寄せている。この場でかれは黄金の夜明け団流のタロット配置と距離を置いている。「大アルカナとヘブル文字の間に照応関係を創り出そうとするなら――実際、過去に数回試みられているが――愚者の適切な配置が核心となる。言わせていただくなら、正しい配列はおよそ想像もつかないところから浮上してくるのであって、これまで一度も活字になったことはない。いまでは有名となっているヴィクトリア朝のとある配置と混同されてはならない。あれはあれでかつては重要と見なされていた点は認めよう。暗号カードをアレフすなわち0に帰するため、われわれは0＝1という奇妙なアナロジーに直面することとなったのである」。驚くべきことにウェイトはさらに言葉を足す。「ヘブル文字と大アルカナ象徴の間に正統な照応関係があると信じている者たちもいるが、ああいった連中とわたしを一緒にしてもらっては困る」

『オカルト・レヴュー』誌1926年1月号にてウェイトはこう語る。「一言でいえば、われわれはタロット象徴の解釈において権威ある正典などないということを認める必要がある。ゆえにこの分野は開放されているのである。その開放ぶりたるや、読者の皆様が過去の解釈など一切お構いなしに新たな解釈を打ち出すのも自由なほどである。ただし全編を通じて調和する解釈になるかならないかは本人次第であろう。過去の試みに対して発すべき判決は、類推が間違っているための機能不全、あるいは意味を発展させて体系化した結果の意味不明というものである。たしかにすべてに応用可能で、しかも至高の霊的真理に属するという大アルカナ解説は存在する。それはオカルティズムというよりはむしろ神秘主義に属するもので、一般に伝えられるものではなく、それ自体の聖域に存在する。わたしに言えることは、その象徴の一部が他と合体して意味を変えてしまったということだけである。大アルカナに表面以上の深い意味はあるのかという質問に対して、答えられることはこれだけである」

終焉

ウェイトは自分の文筆人生を「秘密伝統」の全面的調査、探し求めた神秘的啓発の旅と見なしていた。

ウェイトの著作は読みにくく、多くは完売にならなかった。そのうちの数冊を何年もかけて増補改訂することもあった。ウェイト全集として出版されることは一度もなかった。1936年、かれはセルウィン&ブラウント社の依頼で回顧録を書くことになったが、おそるおそる引き受けたというのが実情であろう。まず自分自身に関しては書くべきことがろくになかったし、この頃から健康が急速に衰えはじめたからである。『走馬燈』は1938年に完成し、ウェイトの最後の著作となった。かれは1942年5月にカンタベリー近郊のリッジにて84歳で死去している。娘のシビルは1980年9月15日、ほどなく92歳という高齢で死去。『オカルト・レヴュー』誌1942年7月号にてフィリップ・ウェルビーがウェイトの追悼文を書いている。なぜか自分が出版したウェイトの著作には言及していない。

もしかするとパメラ・コールマン・スミスのほうがウェイトよりも「神秘的啓発」に近づいていたのかもしれない。M・アーウィン・マクドナルドが『ザ・クラフツマン』誌（1912年10月号）にてパメラ・コールマン・スミスについて書いている。「実に生来の神秘家なので、神秘主義にはほとんど知的関心を持てないという。子供の頃から〝第二の眼〟に恵まれていたのである。これはアイルランドやスコットランド、さらにブリタニーの農夫たちにはよくある話で、素朴なかれら同様パメラ嬢も見たものをそのままあっさりと受け入れる。この力を〝霊視〟の類とは思っておらず、そういった目的で使ったこともないそうである。他の感覚器官と同様、あるから使うというだけの話なのだ。その気質と人柄において、彼女はウィリアム・モリスなみの時代錯誤の人である。モリスと同様、以前の時代に属する人なのだが、それを外的にあらわしているものといえば、子供っぽさというか、およそ世間の常識に逆行するような誠実さであり、それが怖いものなしの自由さに表現されている。昨今流行している心理学をかじるようなこともなく、超絶主義その他の哲学論もほとんど知らない。彼女の理解力も知識もまったく直観的な代物である。なればこそ通常の視力では見えない多くのものが見えるのであろう」

ウェイトのタロット関係著作

ウェイトが初めて文筆的にタロットと関係したのは自分自身の記述ではなく、レヴィの『高等魔術の教理と祭儀』の翻訳であった。これが1896年のことで、英訳のタイトルは『Transcendental Magic: Its Doctrine and Ritual』である。ウェイトによるレヴィの生涯をざっと紹介するまえがきもついている。

ウェイトが関係した初期のタロット関係書としては、パピュスの『ボヘミアンのタロット』の英訳（1910）もあげられる。ウェイトはかなりの頁数に及ぶ序文を書き、またパピュスの文章を若干修正している。不運なことに、初版（1896）の際に英訳者A・P・モートンによって与えられたおかしな題名を訂正することはなかった（『ジプシーのタロット』とするほうがより適切であった）。ウェイトによるタロット関連の序文を掲載する書物として、他にはクヌート・シュテンリング訳の『セフェル・イェツィラー』（ラビ・アキバ・ベン・ヨセフのヘブル語版から翻訳）、さらにタロットの占星術的側面を扱うA・E・ティエレンの『タロット全書』（1928）などがある。

ウェイト自身によるタロット関係の記述は、まず匿名（グランド・オリエント）で記された『カード占いの手引書』（1909年版以降）、『タロットの鍵』（1910）、そして『タロット図解』（1911）がある。『オカルト・レヴュー』誌の記事としては1909年12月の「タロット―運命の輪」、1926年1月号の「タロットの大いなる象徴」、さらに1910年前後に「独立改定儀礼」の会員向けに行われた非公開講義として「薔薇十字のタロット」も見逃せない。ウェイトがオカルトや神秘系でなした膨大な文学的貢献に比較すると、タロット関係はごくわずかのように思われるが、かれの「秘密伝統」探究においては重要な一部であるといえよう。

第3部

✶

ウェイト=スミス・タロット

The Waite-Smith Tarot Deck

印刷技術

ウェイトのタロット記事が掲載された1909年の『オカルト・レヴュー』誌12月号には、編集者による近刊予告として以下の文言が記載されている。「フル彩色のタロットカード。リトグラフ処理はスプレイグ社によって行われており、同社の名前は優れた仕上がりを保証するものである」。1910年にライダー社から刊行されたパピュスの『ボヘミアンのタロット』にある広告では「パメラ・コールマン・スミスによって描かれ、着色された」とある（下線筆者）。

パメラ・コールマン・スミスは1909年11月付のアルフレッド・スティーグリッツ宛の書簡（現在イェール大学バイネック図書館蔵）にて自分のタロット画に触れている。いわく「わずかなお金で80枚ものイラストを描くという大仕事をやりました。印刷はカラーリトグラフになるそうで、おそらくひどい出来でしょう」とのこと。「出来上がったら1個送ります」と付け加えている。

同じ書簡のなかでパメラは原画（あるいは原画の一部）をスティーグリッツの画廊で販売したいと申し出ている。すなわち原画を所持しているのはパメラであってウェイトではないことを示しているのである。実際、原画はパメラの所有物であって、ウェイトのものではなかったと思われる。また原画は一定の形を有しているわけで、なればこそ販売もできるのである。すなわち紙に描かれて着色されたものであり、印刷プレートに直接描かれたものではない。ウェイトの関心は自分が改定したタロットが印刷される様子を見届けることにあって、原画にはあまり関心がなかった。ところでパメラは80枚描いたと書いている。タロットは78枚である。余分の2枚の正体は？　この件はのちほど。

原画が1枚でも売れたのかどうかはわかっていない。いずれにせよ原画はすべて消えてしまったのである。長い年月が経過したが、ただの1枚も発見されていない。原画に関してはなにもわかっていない。サイズすら不明である。カードと1：1の大きさだったのか、もっと大きいサ

リトグラフィー印刷機（写真：Toni Pecoraro）

イズで描いてあとで縮小したのか。78枚の原画をスティーグリッツの顧客が部分的にでも購入していたのなら、数枚くらいは現存していてもよいはずである。同時期のスミスの作品の多くはいまでも見ることができるからである。

リトグラフィー（「石に描く」を意味するギリシャ語から）という印刷法は1798年にアマチュア劇作家アロイス・ゼネフェルダーによって発明された。当時かれは自作の劇と歌を安上がりに大部数出版する方法を模索していた。現代のオフセット印刷と同じく、リトグラフィー処理は水と油が親和しないという事実をベースとしている。画像を平たい石版ないし金属版に描く。この原版はもともとはリトグラフィー用の特殊な石材からできていたが、費用と取り扱いの関係で徐々に他の素材、たとえば亜鉛版やアルミニウム版が用いられるようになっていった。まず油性分を主とするリトグラフィー用鉛筆やクレヨン、あるいは液体リトグラフィックインクと絵筆で原版上に絵を描き、次に油絵具を厚く塗ったり薄く塗ったりする。それをそぎ落として黒地に白い線を生み出したりして、他のいろいろな方法でテクスチュア化していく。最終的に仕上がったプリントは、原版にある油ベースの原画とほぼ同品質のウォッシュ効果やラインやクロスハッチングを有することになる。印刷画像が生み出されたなら、石版あるいは金属版は一連のプロセスをさらに向上させるために化学処理を施される。

印刷過程において、原版を水に浸してブランクエリアをコーティングする。このとき油脂で描かれた画像部分は水を弾く。その後に油脂系リトグラフィックインクをローラーで石版に載せる。油脂と水は混じり合わないため、インクは濡れたブランクエリアから弾かれて油脂エリアに貼りつき、原画像を正確に再現するのである。

完成した原版は置台に載せられ、プレス機まで運ばれる。原版の上に紙を乗せ、さらに紙を保護するためのバッキングペーパーを載せる。金属版を一番上に載せて全素材に圧力がかかるようにする。置台は下部にあるハンドル回転式のローラーによって移動し、スクレーパー・バーと呼ばれるものが油脂を塗布した原版上をスライドして紙とプレートをしっかりとプレスする。そうすることで紙は石版上のインクを保持する油脂塗料からインクを吸い上げるのである。1枚刷るたびに石版をふたたび濡らしてインクを補充する必要がある。

19世紀後半、カラー印刷術が発達してきた。以前の印刷法を数種の方法で組み合わせており、各種実験の結果として手作業が機械作業にとってかわられ、印刷がより簡単かつ安価に行われるようになった。手作業と機械作業が並行している時期もしばらく続いていた。

1880年頃、印刷原版を作製するための新方法が開発されている。特製の転写用紙に絵を描くというもので、画家にとってもはや反転像を描く必要がなくなるという利点があった。転写紙の画像は機械的に原版にプレスされる。グレイン紙や斜線入り紙を使えば陰影効果も得られたのである。

カラー・リトグラフィーは単なる線描よりもはるかに複雑な工程を踏む。同じ紙を何回もプレスして一色一色足していく必要があるからである。

カラー印刷では、まず黒インクのための原版が用いられる——タロット製作の場合でいえば、パメラの線描と手書きのカードタイトルがこれにあたる。それから基本色のための色彩プレートを複数用いて色を載せていく——赤い部分専用のプレート、青い部分専用のプレートと使い分けていくのである。各色のプレートを完璧な「位置合わせ」で同一紙に印刷できたなら、フルカラー印刷の完成である。色彩プレートが多ければ多いほど色彩再現も向上するが、当然ながらコストも上がることになる。1880年から1933年まで操業していたドイツのプレイングカード工場ドンドルフは高品質の着色リトグラフィーによるカードで有名で、実に16もの色彩プレートを用いていたという。

アルフレッド・スティーグリッツに宛てた書簡から判断すると、パメラ・コールマン・スミスはリトグラフィー印刷で納得できる結果が得られるかどうか不安だったようである。この不安は、彼女がそれまで最高品質を求めて手彩色まで行ってきたという事実に照らせば理解できるのである。1899年にニューヨークで出版された『ウィディコム・フェア』や『フェア・ヴァニティー』では、伝統的な印刷に手作業のステンシル着色を組み合わせるという特殊な手法が用いられている。こうすると強烈かつ鮮烈な発色が得られるのである。同様の手法がパメラのミニチュア劇場の舞台装飾や人物像にも応用されている。パメラがリトグラフィーによる印刷結果を想像できなかったとは思えないし、手彩色や手間暇かかるステンシル法とは比較できないこともわかっていたはずである。プラット美術学校の学生だった頃からカラー印刷の限界は知っていたし、実際それまでの仕事からもそれは痛感させられていたであろう。書物の挿絵の仕事や自作品の出版のおかげで、パメラは印刷機とともに作業することに慣れていたのである。

タロットの印刷にパメラがどの程度関わっていたのか、それはわからないのである。おそらくあまり関わっていなかったと思われるが、転写紙に自作の絵を写すくらいのことは行ったかもしれない。あるいは出来上がった80枚の絵が印刷所に送られ、有能な転写師の手でトレースされたのかもしれない。金銭的な理由で利用できる印刷プレートの数が限られていたことは想像がつく。すなわち使える色数が限られているということで、具体的には黒、赤、青、黄、灰の各色である。簡単に印刷できるように色部分はクリアな単色が望ましい。陰影用に一定の範囲内でクロスハッチングや斜線を使うことは可能とされた。白黒プレートの試し刷りにメモを書き込んだり手彩色したりすることで印刷所に指示を出していた可能性もある。

Ready December 10.

THE TAROT OF THE BOHEMIANS—THE TAROT PACK OF CARDS—THE KEY TO THE TAROT.

THE TAROT OF THE BOHEMIANS.

The most ancient Book in the world for the exclusive use of Initiates. By PAPUS. Crown 8vo. 384 pp. Cloth gilt, gilt tops. Six shillings net. Fully illustrated. New edition revised, with Introduction by ARTHUR EDWARD WAITE.

An Exquisitely Drawn and Coloured

PACK OF 78 TAROT CARDS

From New and Original designs by PAMELA COLEMAN SMITH will be published at the same time as this book. This will be without question the finest and most artistic pack that has ever been produced. Price Five Shillings net. Postage Fourpence.

The Publishers also announce

THE KEY TO THE TAROT

Giving the history of the Tarot Cards, their allegorical meaning and the methods of divination for which they are adapted. By ARTHUR EDWARD WAITE. Royal 32 mo. Paper, 1/6 net, cloth, 2/- net. Essential to the interpretation of the Tarot Cards. The Cards and Key will be supplied for 7/- post free, or with the cloth edition, 7/6.

Write for Prospectus of the Tarot and latest Catalogue of Publications, to

WILLIAM RIDER & SON, LTD., 164, Aldersgate Street, London, E.C.

上●『オカルト・レビュー』1909年12月号に掲載されたウェイト=スミス版タロット図版（愚者、魔術師）
下●ウェイト=スミス・タロットの広告（1909）。シンプルに「78枚一組のタロットカード」と呼びかけている

初期のウェイト=スミス版

頻繁に発せられる質問が二つある。「最初のウェイト=スミス・タロットはどのようなものだったのか？」そして「もともとの色はどんな様子だったのか？」

かつてはこれらの質問にははっきりした回答が得られなかった。初期ウェイト=スミス・タロットの細かな特徴などだれも気にしていなかったからである。筆者は長年にわたってこれぞウェイト=スミス・タロットの初版であろうと思われるデッキをコレクションしていた。なぜ初版と思ったかといえば、明らかに古びていて、第二次大戦後に出た版やU.S.ゲームズ社の版とはまったく異なっていたからである。全体的な外見はもとより、印刷されているカードの紙質からして違っていた。その後、やはり初期のものと思われるウェイト=スミス・デッキを入手したところ、多くの点で前から持っていたものとまったく違うことが判明した。すなわち筆者は調査を必要とするテーマを発見したのである。

手元にある2個のデッキを比較すると、すべてのカードで差異が見つかった。とりわけ「恋人たち」と「太陽」では差異がきわめて顕著であったから、筆者の調査はまずこの2枚に集中することとなった。初期ウェイト=スミス版を持っている知り合いのタロット収集家やタロット愛好家に手紙を出し、「恋人たち」と「太陽」のカラー拡大写真を送ってほしいと頼む一方、その種のデッキをカタログに載せている博物館や図書館等にも依頼したのである。偶然というべきか、筆者が選んだ2枚のカードは、ウェイト=スミス・タロットの大アルカナのなかで従来のタロット図像、たとえばマルセイユ版などから一番かけ離れた意匠を有するものたちであった。

細部の比較

鍵となる2枚のカード「恋人たち」と「太陽」にあって、とりわけ注意を払うべき細部は、メカニカルなアミの部分（現代ならスクリーン部）

がドットか、斜線か、両者の混合かという点である。「恋人たち」は特にこの点で注意が必要である。二名の人物の肌色を出すために使われているアミが明確に見てとれるし、背景の山のクロスハッチング（手作業）が比較検討に最適だからである。

「太陽」が比較検討対象に選ばれたのは、このカードが各エディションの最も顕著にして重要な差異を示しているからである。すなわち「太陽光線の半分」のような余分な波線がローマ数字「XIX」の右側に描かれている。この波線の意味はあれこれ推測されているが（後述）、『オカルト・レヴュー』誌 1909 年 12 月のウェイトの記事「タロット―運命の輪」につけられたイラストの時点ですでに存在する。この記事はウェイト＝スミス・タロットの発売直前に記されたもので、初めて公表されたカードデザインということになる。奇妙な特徴としては、『オカルト・レヴュー』の記事についている「太陽」の絵はその番号が XIX ではなく XVIII になっているのだ。ダーシー・クンツの『黄金の夜明け研究シリーズ』（1996 年第 8 号）にある記事の再録では、残念なことにこのミスが修正されている。すなわちクンツの再録にあるイラストはオリジナルの雑誌記事からリプリントしたものではないということである。

問題の波線は 1911 年刊行（実際は 1910 年末には発売か）のウェイトの著書『タロット図解』ウィリアム・ライダー社（後述）の挿絵にも存在する。1918 年のＬ・Ｗ・ド・ローレンスによるウェイト本の海賊版である『タロット絵解き』（しかもアメリカ合衆国内においてローレンス名義で出版、これに関しては後述）にも見られる。波線は若干の違いはあるものの、一つの例外を除いてすべての初期ウェイト＝スミス・デッキに発見できるのである。

「太陽」に関する他の明白な差異部分としては、タイトルの位置と句読点、右手の旗とヒマワリの斜線があげられる（デッキ全体としても差異部分は無数にある）。

各デッキの比較に際しては、以下の諸点が同一か否かを考慮に入れる必要がある。まずカードのサイズと、さらに 1 パックの厚みが重要である（厚みに差があるのは使用された紙が異なっていることを示す）。カードの寸法は摩耗やトリミング方法の差によって若干の差が生じるため、わずかな差は許容範囲となる。

鑑定作業においては、色彩の濃度とバランスも重要なファクターとなるが、前述のカードの寸法や厚みに較べれば重要度はやや落ちる。発色などは同じプリントランでも異なってしまう場合がままあるし、こういった部分は印刷所の見識と技術に依存しているからである。また、筆者はすべての初期ウェイト＝スミス・デッキを直接肉眼で鑑定したわけではない。送ってもらったカラーコピーでは、程度の差はあれ色彩の正確な再現性は保証されていないのである。

筆者の調査期間中に、少なくとも4種類の初期ウェイト＝スミスが浮かび上がってきた（この場合の初期とは1909年から1940年頃までを指す）。以下、問題の4種類をパメラA、パメラB、パメラC、パメラDと呼称する（あるいはパムA、パムBといった調子で略す）。A、B、C、Dは筆者が発見した順番につけた記号であって、出版の時期や順番を示すものではないことを理解しておいていただきたい。

（筆者は以前に発表した記事で5種類のエディションがあると書いてしまった。パメラEという表記も紹介してしまったが、後日これはド・ローレンスの初版であると判明している。詳しくは第4部を見よ）

「太陽」細部比較図（太陽の顔）。上からパメラA、パメラB、パメラC、パメラD

「恋人たち」

「恋人たち」人物像の肉体部分に印刷スクリーンがはっきり見てとれる。パムAはメカニカルな斜線であるのに対し、パムBとパムCはドットパターンである。

描線の芸術的品質に関しては、大変な差があるといえる。パムAのイヴの顔は明瞭にして繊細だが、他の2種（パムBとC）のそれは劣化した描き直しのように見える。パムAの樹に巻きついた蛇はちゃんと頭があるが、パムBとCではほとんど見えない。身体表現すなわち両手、膝、つま先といった部分もずいぶんと劣っている。背景の山に用いられたクロスハッチング技法にも大変な差がある。

天使の表情もまたクローズアップして検討するだけの価値がある。パムAはウェイトの『タロット図解』の記述「天使はインフルエンスを注いでいる」と合致するが、パムBとパムCは心ここにあらずといった表情なのである。（116 〜 120 ページ参照）

「太陽」

初期ウェイト＝スミスの鑑定において、パメラA、B、Cを一目で分類するには「太陽」のローマ数字の右側にある余分な波線を見るのが一番簡単である。パムAでは波線は比較的軽く、通常の光線の片方のように見える。そもそもこれはデザイン上のミスではなかったのか。本来は22本の光線を描く予定で、うち11本は直線光線、残り11本は曲線光線とし、22枚の大アルカナと照応させるつもりだったとか、しかるに画家がそのことを忘れて片方の光線を残してしまったのか、あるいは余白が足りなくなってしまったとか。

パムBでは波線が完全に消えている。まるで転写師がこれを作画上のミスとして修正したかのようである。パムCではふたたび波線が登場するが、どこそこ不細工な様子であり、また、下のほうから太陽の中心から発したような新たなバリがかすかに見られるのである。

太陽の表情と目を比較すると、各エディションの差異は明白である。子供が持つ旗指物にも差がある。一番わかりやすいのがパムBで、赤い線が旗の流れにそって描かれている。一方他のエディションでは線は短い横線で入っているのである。子供の足にも違いが出ている。手書きのタイトル部分にも差があり、ヒマワリにも違う部分がある。

奇妙な細部としては、メアリー・グリアが初めて指摘した「ＬＯＶＥ」がある。この単語がほとんど見えない形でパメラ・コールマン・スミスの署名の下にあるのだ。パムＢとＣの転写師はこの細部にまったく気づかなかったようである。このＬＯＶＥは『タロット図解』のイラストでも見てとれる。

『タロット図解』と『オカルト・レヴュー』記事にあるパメラ・コールマン・スミスの線画を見ると、それがパムＡと明らかに同一のものであるとわかる。4つのエディション中、『タロット図解』の線画と同じものを用いて製作されたのはパムＡとパムＤだけである。(113 ～ 115 ページ参照)

なぜ版によって差があるのか？

パムＡ、パムＢ、パムＣにはウェイトの『タロットの鍵』を同梱した箱入り版があるため、この三つの版がすべてライダーから出版されたことはまず間違いない。ならばなぜこうも差が出たのか、そして後の版の品質が落ちるのか？　可能的説明としては、原版が壊れた、あるいは摩耗したため、新たな原版が作られたというものである。ならばなぜ新版のベースとして転写師が新たに絵を描いたのか？

上●「太陽」ウェイト『タロットの鍵』1910～1911年版　下●「太陽」『オカルト・レビュー』1909年版。カード番号が誤っている

THE SUN .
THE SUN.
THE SUN.
THE SUN .

「太陽」題字比較図。上からパメラA、パメラB、パメラC、パメラD

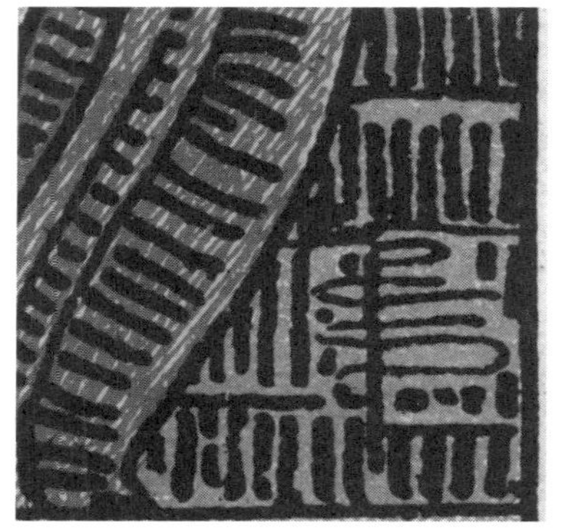

「太陽」パメラA（上）とC（下）の比較図。Aのパメラの署名の下に「LOVE」の文字が見える

なぜ『タロット図解』のイラストを使用しなかったのか？　既存のイラスト転用は可能だったはずで、それを行わなかったのは説明がつかないのである。残念なことにライダー社の文書や記録は二度の大戦の間にすべて失われてしまったため、そちらの方面を探っても無駄である。第二次大戦後に出版された『タロット図解』のダストカバーには、戦争中に印刷原版がプリマスにて破壊されたと記してある。具体的な地名が出ている分、よく知られた事実なのであろう。いずれにせよ、長年の間にこれだけ多くの異なるヴァージョンが出版されてきたのだから、プリマスで破損した原版が1909年のオリジナルであった可能性は低いといえる。

ウェイトほどの多作家なら、原稿や書簡を保管していてよさそうなものだと思いたくもなるのだが、残念ながら実情は違った。かれは文書保存など気にしておらず、その大部分を湿った地下室に放置していたため、どんどんだめになっていった。残存しているものは一般公開されていないようである。秘密結社も無駄に日々を過ごしているわけではなかったといえよう！

「太陽」細部比較図（子供）

パメラA	パメラB
パメラC	パメラD

「太陽」細部比較図（全体）

パメラA	パメラB	パメラC	パメラD

XIX
THE SUN.

XIX
THE SUN .

「恋人たち」細部比較図（全体）

パメラA | パメラB | パメラC | パメラD

VI
THE LOVERS.

VI
THE LOVERS.

「恋人たち」細部比較図（女性）

パメラA	パメラB	パメラC	パメラD

「恋人たち」細部比較図(天使)

パメラA	パメラB
パメラC	パメラD

トムソン=レン・タロット(1935)

上●ユニヴァーシティー・ブックス
下●ホイ＝ポロイ・タロット

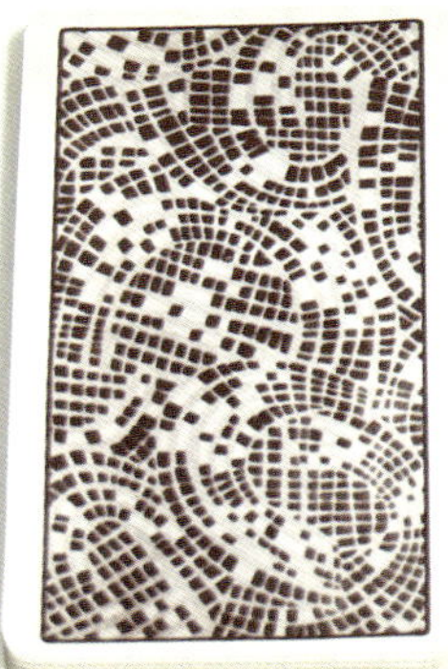

上●メリマック版タロット
左下●ユニヴァーサル・タロット(ハンソン・ロバーツ、U.S.ゲームズ社)
右下●イスラエル・リガルディーの「ゴールデン・ドーン・タロット」(1978、U.S.ゲームズ社)。
イラストはロバート・ウォン。ウォンの絵は暁の星版のイメージを踏襲している

上●ジャイアント・アルバノ。140mm×235mmの大判サイズ
下●世界各国のウェイト＝スミス版
上左：ザ・スミス＝ウェイト・センテニアル・タロット・デック（U.S.ゲームズ社）
上中：ザ・ライダー・タロット・デック（U.S.ゲームズ社）
上右：イリス（オランダ）
下左：ケーニヒスフルト（ドイツ）背模様が薔薇十字
下中：ケーニヒスフルト（ドイツ）背模様が石目文
下右：ロ・スカラベオ（イタリア）

No. 3.

The Green Sheaf

1903

LONDON

SOLD BY ELKIN MATHEWS, VIGO STREET, W.

左上●パメラの雑誌『グリーンシーフ』第3号（1903）の表紙。手漉きの上質紙に詩歌やイラストを印刷し、パメラ自身が一部ずつ手で彩色するという手間をかけた作品だった

右上●『グリーンシーフ』挿画

左下●パピュス著、ウェイト訳『ボヘミアンのタロット』（1910）

右下●ウェイトによるタロットの二大著作。（左）『タロットの鍵』（第2版、1920）、（右）『タロット図解』（1911）

ウェイト＝スミス版「愚者」
（ウェイト『タロット図解』より）

© of images belong to Lo Scarabeo

© of images belong to Lo Scarabeo

右上●タロット・オブ・ザ・ニューヴィジョン（ロ・スカラベオ社、2003）。ウェイト＝スミス・タロットの各カードを背後から描いたユニークなパロディ版。「愚者」を真後ろから見ると、行く手に火山が噴火しているが一向に構う気配がない。無謀ともいえる天真爛漫ぶりが強調されている　右下●アフター・タロット（ロ・スカラベオ社、2016）。ウェイト＝スミス版のその後を描く。愚者は結局、崖から落ちるが反省するどころか、なおも花を愛でている。2018年には同社より新たに「ビフォー・タロット」も出版されている

左上●グミベア・タロット(U.S.ゲームズ社)。カラフルなグミベアたちが活躍する愉快なデッキ。タロットのおどろおどろしい雰囲気が苦手な人たちにも受け入れられている　右上●鳥タロット(NORISAN、ニチユー株式会社、2016)。近年、ウェイト=スミス版の世界をさらに広げる個性的なデッキが日本でも生まれている。こちらは日本の女性クリエイターによる世界の様々な鳥たちを主人公にした愛らしいタロット　下●日本神話タロット極(ヤマモトナオキ、2018)。ウェイト=スミス版とイザナミ、イザナギら日本古代の神々の世界観を見事に融合。全78枚で天地開闢からヤマトタケルまでの物語を展開する。海外からも注目されている

上●パメラが描いた肖像画群（K・フランク・イェンセン、1990）
左下●タロット十字（アーネル・アンドー、2002）
右下●ウェイト・ヴァリエイショナー II.1：ア・ラ・プリング
（ウィッタ・M・キースリング・イェンセン、1990）

背模様

初めて発見された初期ウェイト＝スミス版は、どのヴァージョンも背模様は茶色の石目柄であった。色合いには差があるが、それは実際のプリントランと用いられるインクの量の差といえる。しかし1993年にライダー社とU．S．ゲームズ社が共同出版したいわゆる複写版「オリジナル・ライダー＝ウェイト・タロット・デッキ」（後述）では、薄い青色で薔薇と百合が区画に入って並べられた背模様が採用されている。初期のパムAで同じ模様を持つデッキは、色違い（赤茶色）のものがユナイテッド・ステイツ・プレイング・カード・カンパニー（USPCC）の博物館（現在閉館中）に所蔵されているだけである。このデッキは1916年に登録されているが、現在の所在は明らかではない。嘆かわしいことに、現代の利益追求社会ではこの種の非営利博物館の存続は許されないのである。

パメラ・コールマン・スミスはスティーグリッツに宛てた1909年11月の書簡においてタロットについて触れ、「わずかなお金で80枚描くという大変な作業」と述べている。

余分の2枚の絵はどんなものだったのか？　印刷原版には80枚を収めることが可能であるから、80という数字もここからきたのかもしれない。実際に80枚描いたとするなら、1枚は背模様であり、それが薔薇と百合のパターンだったと推測するのが適当であろう。とはいえこれでも印刷原版上には2枚分のスペースが残るのである。背模様はカードの裏側に印刷するものだからである。ほとんどすべての初期ウェイト＝スミスの背模様は茶色の石目柄であり、当時のプレイングカードや児童遊戯カードのそれと同一であるから、あれがパメラ・コールマン・スミスのデザインによるものとは考えにくい。一部の初期ウェイト＝スミスにはブランクカードが1枚入っていたが、タイトルカードや宣伝カードはいまだ発見されていない。

長年にわたり、青い薔薇／百合の背模様は謎の存在であった。だれも実物の所在を知らなかったからである。ウェイトの専門家であり、また古書業者としてウェイト関連の出版物を長年扱ってきたR・A・ギルバー

背模様。左から薔薇／百合、石目文、青黒クロス

トですら、1993年にいわゆる「オリジナル・ライダー＝ウェイト・タロット・デッキ」が登場するまで、薔薇／百合のデッキを見たことがなかった。

しかし2002年以降、青い薔薇／百合のデッキが2個出現している。これらのデッキはあらゆる点でパムAと同一である。寸法も厚みも、アミ掛けも太陽の波線も、同梱された『タロットの鍵』もすべて同じであり、唯一違うのは独特の薔薇と百合の背模様を持つ点であった。さらにもう一つ、鑑定する際に考慮に入れるべき要点において、薔薇／百合デッキは他のパムAと異なっていた。重量である。

薔薇と百合の背模様を考察する際は、ウェイトが『タロットの鍵』の「魔術師」の項目で以下のように述べている点も覚えておきたい。「（テーブルの）下には薔薇と百合、野の花やスズランがあり、それらが庭園の花となる様子は、熱望と向上心の文化にして昇華をあらわす」。この部分がヒントとなって薔薇と百合の背模様が考案されたのかもしれない。

私見では、石目柄のパムAと薔薇／百合柄のパムAが最初期のウェイト＝スミス・タロットであり、1909年と1910年に製作されたものに違いない。しかしどちらが古いほうなのか？　それに関する推論は後述しよう。いまだ正式名称は決めていないが、とりあえず両デッキのことをパムA石目、パムA薔薇百合として言及することにする。

オリジナル・ライダー＝ウェイト・タロット・パック（1993）

長らく初期ウェイト＝スミス版研究を混乱させてきた「製品」がいわゆる「オリジナル・ライダー＝ウェイト・タロット・パック」である。これは1993年ロンドンのライダー社とU.S.ゲームズ社が共同で出版したものである。

このデッキの画はあらゆる細部において劣化したパムCのそれと同一だが、背模様は石目柄ではなく、薔薇／百合である。スチュアート・R・カプランによれば、このデッキは匿名を希望している某コレクターの所蔵品をもとに製作されたという。ゆえにそれ以上の調査は不可能であり、研究サイドとしては別の薔薇／百合パムCが出現するのを待つしかない。そうすれば最終的に納得のゆく説明もつくであろう。

1993年版は上質の箱入りで発売され、『タロットの鍵』も同梱されている。「オリジナル・ライダー＝ウェイト・タロット・パック」の名の

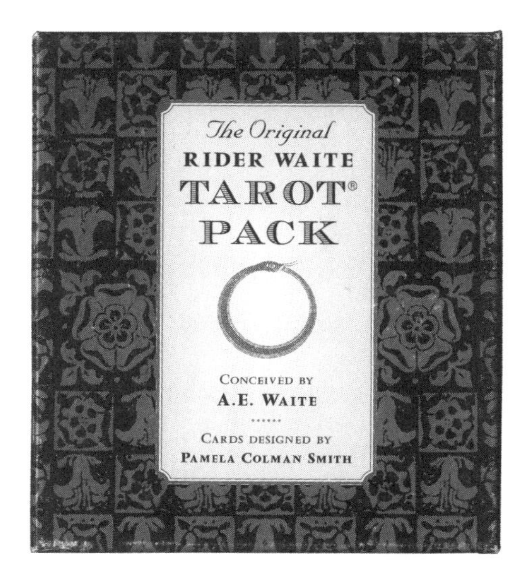

オリジナル・ライダー＝ウェイト・タロット・パック

もとに発売される製品ならば、歴史的事実に基づく複製品であると思うのが普通だが、事実は異なっている。同梱の『鍵』ですら、1910年初版の復刻ではない。フルタイトルの『タロットの鍵―占術のヴェイルに隠された秘密伝統の断片』の後半部はまるごとカットされ、かわりに「最新改訂版」という文言が入れられている。1910年初版の本文と比較すると、「最新改訂」とは単にウェイトの本文を最小限のものとし、文章や段落をばっさり削除していることだとわかる。1910年初版にあった文献解題にはあれこれ注釈が入っていて、タロット同業者に対するウェイトの敵意がありありと見てとれる代物だったが、「最新改訂」ではそれも消えている。それだけでなく、自他ともに認めるウェイトの大仰な文体も「改訂」され、本文中の多くの言葉が削除ないし訂正されている。さらに、なにを目的としているのか、リズ・グリーンによる序文が加えられているが、リズ・グリーンは占星術師であってタロットの専門家として知られる人物ではない。この種の刊行物に序文を寄せることを期待される存在とはいえないであろう。

ようするにこのタロットは商業的製品である。もったいぶったタイトルがついてはいるが、ウェイト＝スミス・タロットの歴史に対してなんの敬意も払わずに出版された代物なのだ。ここで問題となるのは、かなり多数のタロット関係者がこのタロットを額面通りに受け取っているという現状である。すなわちこのデッキがウェイト＝スミス・タロットの初版を忠実に再現していると信じているのである。このデッキが発売されてからもう10年以上［※原著刊行当時］になるが、その間に筆者のもとには多くの書簡やメールが送られてきた。これぞ「真の」ウェイト＝スミス・タロットのレプリカであると思い込み、そこから議論をスタートさせている人々がどれほどいたことか。

その後、同じデッキが普通の箱に入れられ、「A・E・ウェイトの有名な78枚のカード、1910年初版の特徴である伝統的チューダー・ローズ」との文言つきで発売された。当時は特別の背模様に関しては実質なにもわかっていない時期であった。

1993年の「オリジナル」パックはベルギーのカルタ・ムンディ社によって印刷されていた。箱にはA・E・ウェイト財産権を代表する形でのライダー社の1993年コピーライトマークが入っていた。カード自体にはあいかわらずU.S.ゲームズ社の1971年コピーライトマークがあった。

同じデッキがその後ドイツに「ライダー・ウェイト・ファクシミリ=タロット」というタイトルで出現している。限定特別版で、印刷はスイスのAGミュラー・ウラニア（略記：AGミュラー）、年月日は2001年である。このデッキはドイツ語のタイトルがタイプセットで記されていて、タイトルスペースのバックは黄色である。ドイツ語版の『タロットの鍵』も同梱されていた。ドイツ語のタイトルとドイツ語版の『鍵』がついたデッキのどこが「ファクシミリ」すなわち復刻だというのだろう。「ウェイト財産権1993コピーライト」のマークがプラスチック製の本型ボックスに印刷されている。ここも1993年製の上質箱と違う点である。さらにドイツ版のどこが具体的に「限定」なのかも判明しない。印刷部数が明記されておらず、ナンバリングも入っていないからである。

商業的成功は続き、同じデッキが今度はロンドンのライダー社から並製箱入りで出ることになった。『タロットの鍵』はいまや小冊子となり、内容も各カードの占い上の意味が書かれているだけである。

「太陽」の光線が意味するものは？

以前のセクションで「太陽」の余分な光線に関してあれこれ考察してはみたが、結局のところあれはなんなのか、という疑問が残る。デザイン上のミス、と一時期筆者も考えていたが、やはりそれは違うのである。あの線がミスならば、修正する時間はたっぷりあったはずなのだ。すなわちこの線はウェイトの秘教的コンセプトをあらわすものとしてここにあると考えるべきであろう。さらにいえばこの線を有していないウェイト=スミス・タロットのヴァリエーション・デッキは、ウェイトの意図にそっていないものといえるのであろう。

この線に興味を示す作家はこれまであまりいなかったと思われる。ウェイト自身もテキスト本文中で触れているわけではない。しかしウェイトのいつもの秘密主義を考慮に入れるなら、これはこれで意図的なものと考えることも可能であろう。本来ならば直線11本と波線11本で計22本が大アルカナ22枚と照応するはずではなかったのか。そういう推論も提出されているが、だとすればなぜ一本の光線だけが半分になってしまったのか？

筆者が知るかぎり、この線に言及したのはダフナ・ムーアの『ラビのタロット』（1989年、344ページ）だけである。この書物では問題の線は「波打つ黒い線」と称されている。「黒はオカルトをあらわし、その意味するところは、これが自然光線ではなく、われわれ自身がオカルト修行することによって自ら作り出すべき光であるということである」。同書の結論としては、この線は「愚者」をあらわすという。すなわち物質界に降下する以前の「霊」であり、21本の黄色い光線にあらわされる21枚のカードを司る存在なのである。

クロウリーとカバラの専門家であるデンマークのソレン・ラスムッセンの説明では、この線は「ケテルから発せられる種火であり、光、火花、創造の象徴である。創造過程の始まりを促すものといえる」。おそらくラスムッセンとダフナ・ムーアの解説はそれほど違ってはいないのであろう。ウェイト自身も「太陽」を「諸世界の栄光」と述べている。

この半分線をめぐる議論を見てもわかるように、ウェイト＝スミス・タロットは初刊行からほぼ1世紀を経ていまなお探究すべき図像的謎が残っているのである。そして謎はさらに見つかるであろう。「太陽」に隠された「ＬＯＶＥ」もまたそういった細かい探究対象の一つなのである。

初期ウェイト=スミス版に関する結論

初期ウェイト=スミス・タロットは4種類に分類される。品質の点でも差が激しい。製作に用いられた印刷プレートが明らかに異なっているのである。どのエディションでも、カードと同サイズのウェイト著『タロットの鍵』と一緒に収まる同梱ボックス版が発見されている。この点から見ても、出版元はかなりの確率でロンドンのライダー社と想定するのが自然であろう。

パメラA

パムAには2種類の背模様が存在する。すべての初期デッキに共通する茶色の石目柄、そして希少な青い薔薇百合（別名チューダー・ローズ）である（現時点で2デッキが確認されている）。パムAはパムB、C、Dと比較して芸術的品質で勝っている。またウェイト著『タロット図解』(1911) にある線画と完璧に一致する。この2種類こそ正しい「オリジナル・ウェイト=スミス・タロット・デッキ」と称して構わないだろう。背模様を除けば、両者の間にこれといった差異は存在しない。あるとしても印刷時に生じる些細なムラ程度であろう。新たな情報があがってこないかぎり、筆者は2種類のパムAを1909年と1910年のエディションであると考える。石目柄と薔薇百合のどちらが1909年版でどちらが1910年版なのか、それは確証をもって答えることができない。しかしR・A・ギルバートの『ウェイト文献集成』(1983) には、1910年印刷の版のほうが紙質がよいという情報が記されているため、これが手がかりになるであろう。2種類のデッキは厚さはほぼ同一だが、石目柄のほうが紙質という点でより滑らかのように思われる。しかし最も重要な差はデッキの重量である（以前の調査でこの点に注目しなかったのは実に残念である）。石目柄デッキのほうが薔薇百合デッキよりもかなり重い。薔薇百合の重量が325～330gであるのに対し、石目柄は365～370gもある。そして重い紙のほうが紙質がよいのが普通なのである。論理的に考えても、石目柄が先に印刷され、それが薔薇百合に変更され、また石目柄に戻ったとは思えない。ゆえに薔薇百合が1909年版、茶色の石目柄が1910年版であり、その後のヴァージョンでも石目柄がスタンダードになったと考えたい。さらにいえば、薔薇百合の描き方もパメラ・コールマン・スミスの画風に合致していて、明らかに彼女の筆によるものといってよいのである。

石目柄のパムAデッキはかなりの数が見つかっているが、青い薔薇百合のデッキは現在まで2個しか発見されていない。この点からも、1909年の印刷はかなり数が限定されていたものと思われる。経済的理由か技術的問題か、ともあれなんらかの理由によって印刷所ないし出版社が以降のデッキで背模様に茶色のインクを使用したくなったのかもしれない。この推論ならば、USPCCの博物館にあった不思議なデッキを試し刷りとして分類することが可能である。そして茶色は薔薇百合には合わないとの決定が下されたのであろう。しかしこれは漠然とした推測の域を出ないといっておこう。

石目柄が採用されたもう一つの理由として、シート全体に柄が印刷されているため薔薇百合ほど注意を払う必要がなかったという点もある。白マージンに囲まれる薔薇百合パターンは、カード前面の絵とアラインメントを揃えるのが大変なのである。

パメラB

パムBはパメラ・コールマン・スミスの絵を全面的に描き直している。パムBの転写師はパムCの転写師よりも芸術的能力が高かったが、オリジナルを忠実に再現する気はあまりなかったようである。「太陽」の余分な線を削除した点からもそれは見てとれる。

パムBはウェイト著『タロットの鍵』の1920年版及び1931年版と同梱されていることが多いが、1910年版を伴った例はまったく報告されていない。ゆえにパムBは1920年以降、少なくとも1931年までの出版と推測して間違いないであろう。

パメラC

パムCも描き直した版であるが、こちらを手がけた転写師はかなりいいかげんで腕も落ちる。自分の仕事にあまり責任を持たないタイプである。パムCも1920年版及び1931年版の『タロットの鍵』と同梱されている場合が多い。すなわちパムCはパムBとほぼ同時期に出版されたと思われるが、その理由は十分に説明できない。11年間という長い期間がありながら、実際に発見されているデッキの数はあまり多くない。

パメラD

これまで筆者はこのデッキをあまり詳しく論じなかった。パムDはパムAの写真複写版である。写真プリントスクリーンを線画原版に重ねるため、かなり濁った印象になる。このデッキは粗製乱造された印象があり、多くのカードでトリミング不良があり、カードの端々の面取りもされたりされなかったりしている。パムCと比較すると、パムDはそこそこ数が見つかっている。本書が印刷所に送られる直前にも1920年版『タロットの鍵』と同梱されたパムDが発見されており、ゆえにこのデッキもライダー社が出版したものと推測される。パムDはさまざまなタイプの厚紙に印刷されているため、プリントランも数回に及ぶと思われる。

現存するパメラA・B・C・Dの出版年代

	『タロットの鍵』(1910)	『タロットの鍵』(1920)	『タロットの鍵』(1931)
パメラA	現存	現存	
パメラB		現存	現存
パメラC		現存	現存
パメラD		現存	

初期ウェイト＝スミス・タロット「パメラA・B・C・D」概要

・パメラA

この版は直線の機械アミ掛けを用いていて、太陽には波線がある。サイズは121×70mm。78枚の厚さはおよそ39mm。現在発見されているデッキの大多数は背模様が黄色／茶色の石目文様（重量212g）。薔薇百合模様を持つデッキは2例のみ（重量228g）。薔薇百合のデッキがおそらく1909年の初版。赤あるいは赤茶の2ピースの箱にウェイトの『タロットの鍵』1910年版と同梱されて販売された。『タロットの鍵』がカードの上に置かれる。デッキ単体で暗緑色のスリップケースに収められて販売された例も知られている。『タロットの鍵』第2版（1920）と同梱された例が1件あり。

・パメラB

この版はドットのアミ掛けを用いていて、太陽には波線がない。背模様は石目文。サイズは119×70mm。厚さは78プラス白カード1枚で26～27mm。重量およそ220g。「太陽」の差異に加えて、全札で無数の差異がある。「太陽」はかなり上手に処理されているが、それ以外のカードはほぼすべて芸術的に見てパメラAに明らかに劣る。このデッキは赤ないしマルーン色の2ピース厚紙箱に新版の『タロットの鍵』（Rider&Co., Paternostre Hose, E.C.4, London. Printed in Great Britain by Fischer, Knight & Co., Ltd., Gainsborough, St. Albans）とともに収まっている。1931年版の『鍵』と同梱のデッキも発見されている。黒のスリップケースに入った単体デッキもある。"printed in Great Britain"と記したラベルが貼られたデッキも2件見つかっている。

・パメラC

この版はドットのアミ掛けで、「太陽」には雑に描かれた波線がある。石目文様の背模様。サイズは119×70mm。厚さは26～27mm。重量およそ222g。波線は分厚く不細工に描かれていて、パメラAの優雅さはない。不細工線の端にわずかにバリのような線が出ているが、これは他の版にない特徴である。アミ掛けはドットパターン。この版はパメラAのデザインにかなり忠実に従っているが、芸術的処理という点でずっと劣る。1920年版の『タロットの鍵』（printed by Chance&Bland Ltd. Gloucester）と同梱されたデッキが知られている。他に1931年版の『タロットの鍵』と同梱の版もある。

・パメラD

この版はパメラAの低質写真複製である。サイズはおよそ119×70mm。厚さは28～29mm。さまざまな厚紙が使用されていて、重量は216gから244gまでばらつきがある。暗赤色の2ピースボックスに1920年版『タロットの鍵』（printed by Butler&Tanner, London and Frome）と同梱された例が1件。青い上部スライドボックスにデッキ単体を収めた例も知られている。パメラAを複製するにあたり、原版に別のプリントスクリーンを重ねていて、結果として画像がブレてしまい（細かい部分は存在するがシャープさがない）、色抜けも悪い。図像の右端約1mmが切り詰められている。詳しく調べたパメラDのうち、トリミングが不規則なものが複数あり、また同一デッキ内でカードサイズが違う例やカードの角が丸くなっていないものも確認された。"made in Great Britain"というラベルが糊付けされた箱も2件知られている。

『タロットの鍵』第2版（1920）

『タロットの鍵』と『タロット図解』

ウェイト＝スミス・タロットの初版発行は1909年12月のことであり、1910年4月に次の版が出ている。両者とも発行元はロンドンのライダー社である。1910年版はギルバートの『ウェイト文献集成』によれば「よりよい品質の厚紙」に印刷されたという。両エディションともウェイトの『タロットの鍵―占術のヴェイルに隠された秘密伝統の断片』入りのボックス版、あるいはデッキのみで販売された。1909年版も1910年版も、同梱されている『タロットの鍵』は奥付発行年は1910年である。同書には印刷所が明記されていない。ライダー社の広告によれば、より安価なソフトカバー版もあるとされているが、その存在はまだ具体的には確認されていない。

その後の1920年、『タロットの鍵』の新版が出版されている。この第2版――扉ページによると「新版」――はウェイトの『タロット図解』（1911）から材料をもってきて増補している。新版『タロットの鍵』の印刷所はバトラー&タナー・フロム・アンド・ロンドン、さらにブランシュ・アンド・グランド・リミテッド、グロスターであり、後者はパム

『タロット図解』(1911)(右)。左の小書籍が『タロットの鍵』(1920)

Cに付いてくる。1920年版の『タロットの鍵』が付いたパムAセットも1例確認されていて、パムAが1920年頃まで販売されていたことを示している。

1920年の新版『タロットの鍵』は1931年にリプリントされている(印刷所はフィッシャー、ナイト・アンド・カンパニー・リミテッド、セント・アルバンスに変更されている。この印刷所はパムB付属の1931年版『タロットの鍵』も印刷している)。ゆえにパムBはこの時期以降に出版されたと推測できる。1931年印刷の新版『タロットの鍵』付きのパムCも一例知られている。

パムA、B、C、D、いずれも1910年、1920年、1931年刊行の『タロットの鍵』が付いているため、これらはすべてライダー社の出版によるものと考えられるのである。

1972年、『タロットの鍵』の新たな版がライダー社の青箱(後述)とよく似た版型とデザインで出版された。ただし別売りである。マーガレット・A・マシアナの序文を別にすれば、内容は1910年版と同一である。注釈入り文献解題も入っている。

『タロット図解』は初版が1911年であり、『タロットの鍵』の本文を若干増補して78枚の線画をつけた作品である。たとえば78枚のカードの描写のあとに1セクションが設けられている。『タロット図解』は長年にわたってさまざまなエディションで出版され、現在でも刊行が続いている。しかしどれもが1911年の初版に忠実なわけではない。オリジナルの本文をカットしたり、ウェイトの言葉遣いを「修正」したりしているものも多い。新たな出版社としては、新版を出すにあたって独自の要素を付加してみたいのであろう。あるいはそうすることで初版を改善していると信じているのである。比較的最近の版で推薦できるものはユニヴァーシティー・ブックスの1959年版である。図版はパムAのカラー印刷版であるし、ガートルード・モークリーの序文もついている。別のカラー印刷版としては1973年のコーズウェイ・ブックス版がある。

いまだ残る疑問

残る大きな疑問は薔薇百合パターンに関するものである。おそらく薔薇百合の背模様を持つパムAが一番古いヴァージョンである点は間違いないと思われるが、これも決定的ではない。

また、USPCC博物館にあった赤茶色の薔薇百合パムAも謎である。博物館側はこれを1916年に入手したとしている。筆者としては、このパムAは1909年から1910年の間に試験的に作られたテストプリント版ではないかと推測している。このデッキが同博物館の収蔵品となった時期、同館のキュレーターはキャサリン・ハーグレイヴであった。彼女は多方面に人脈を持っていたため、こういった試作品を手に入れる機会があったとしても不思議ではない。残念ながら、同館の閉鎖以降、このデッキはアクセス不可能となってしまった。さらにいえば、このデッキはカードそのものが厚紙のシートに糊付けされた額装状態で展示されていたため、詳細な調査をしようとすると簡単ではなかったであろう。

スチュアート・R・カプランの話に登場する「薔薇百合の背模様を持つパムC」、すなわち1993年に出版された『オリジナル・ライダー＝ウェイト・タロット・デッキ』のベースとなったデッキもまた謎である。このデッキの匿名の持ち主が現物を公開してくれるか、あるいは同一デッキが別個に発見されて精査されないかぎり、その正体に関しては確実なことはなにも言えないのである。

ウェイト＝スミス・タロットが数度にわたって描き直された理由も正確にはわかっていない。二度の大戦の間に原版が破損したから、というのが妥当な説明になるだろうが、これもまた確実な話とはいえないのである。1920年版の『タロットの鍵』が同梱されたパムAが存在しているため、少なくとも原版が第一次世界大戦を生き延びたことは間違いないであろう（ただし在庫品に新版の『タロットの鍵』を付けて販売した可能性は残る）。パムBとパムCは1920年代から1930年代にかけて描き直されたものと推測できるが、わざわざ手間をかけて下手な線描原画を作るくらいなら、『タロット図解』にあるイラストをコピーして原版を作るほうがずっと理にかなっている。実際、第二次大戦後の版はそうしているのである。

パムBとパムCが同じ時期に販売されていた点も、その背景を明らかにする必要がある。

しかし最大の疑問は、「原画はどうなってしまったのか？」である。ライダー社あるいはウェイトの文書保存庫に収納されてそれっきりになってしまったのか？　薔薇百合のパムAが2個発見されるまでずいぶんと年月がかかっている。いつの日か1枚の原画が――あるいは全枚が――突如出現する事態もあり得ないとはいえないのである。

ウェイト=スミス・タロットの想定される印刷史

1909年12月

・数種の線描画(ウェイトのオカルト・レヴュー誌記事用)

1909年12月

・パメラA、第1刷
・青い薔薇百合の背模様。デッキの厚さおよそ38mm。
・デッキ単体あるいは『タロットの鍵』初版(1910)と箱入りセット販売。

1910年4月～1920年頃

・パメラA、第2刷、石目文の背模様。
・デッキの厚さおよそ38mm。第1刷より上等の紙質。
・デッキ単体あるいは『タロットの鍵』初版(1910)ないし新版(1920)と箱入りセット販売。

1911年

・『タロット図解』初版。パメラAと同じ線描画入り。後年別エディションあり。

1920年～1930年代(?)

・パメラB
・『タロットの鍵』新版(1920)あるいは同(1931)と箱入りセット販売。

1920年～1940年代(?)

・パメラC
・デッキ単体あるいは『タロットの鍵』新版(1920)ないし同(1931)と箱入りセット販売。

1920年～1945年(?)

・パメラD(写真複製版)。出版社不明。複数回のプリントラン。『タロットの鍵』との同梱の例あり、ただし1920年版のみ。

1940年代後半～1977年頃

・『タロット図解』の線画をベースとした青箱ライダー版。『図解』は1972、73、74、77年と版を重ねており、水色のダストジャケット。別売り。
・1975年に『ザ・トラヴェラーズ・タロット』(44×77mm)。
・1960年代に「ウォディントンと共同」との文言が箱に明記される(ウォディントンは英国のプレイングカード工場)。1972年以降はスイスのAGミュラー、さらに後年になるとベルギーのカルタ・ムンディが印刷を担当。

1972年～現在

・U.S.ゲームズ・システムズ社の黄色箱版。多様な言語の版も存在。

1993年～オリジナル・ライダー=ウェイト・タロット

・A・E・ウェイト/ライダー/U.S.ゲームズ社の財産権のもと、スイスのAGミュラーによって印刷されたリプリント。パメラCに似るが背模様は薔薇百合。

第二次世界大戦後のウェイト＝スミス・タロット

第二次大戦後、ライダー社はふたたびウェイト＝スミス・タロットを市場に送り出した。この版は明らかに『タロット図解』にあったイラストをベースにしたもので、分厚いツーピースの青箱に入っているので簡単に識別できる。描線は『タロット図解』1911年版にあるパメラ・コールマン・スミスのそれと完全に一致している。このときの印刷技術はもちろんオフセット印刷であり、以前の雑なアミ掛けのかわりにオフセットスクリーンが用いられた。もはや斜線もドットもほとんどなくなり、結果としてカラリングがより平坦になっている。

ライダー社はこのヴァージョンを数度にわたって刷り続けている。筆者のコレクションにある青箱には以下の文章が印刷されている。「初版1910年／1939年まで版を重ねる／第2版1971年」。他の箱では中間の文章が省略されている。パムBとパムCがパムA初版の後継者であるとするなら、「1939年まで版を重ねる」という一節はほとんど意味がない。パムBもパムCもパムAのリプリントとはとうてい呼べない製品であり、別エディションと称すべきものだからである。いずれにせよ、1909〜1910年のオリジナル版は、描き直し版こそ出てはいるが、1939年まで出版されていないというのが正確である。

出版社の宣伝広告文は若干の懐疑心をもって接するのが常識であろう。「第2版1971年」の真の意味はいかなるものなのか？　カード自体は1971年以前のものとまったく同一である。とはいえ1971年はウェイト＝スミス・タロットの著作権がU．S．ゲームズ社に帰属するという主張がなされた年である。そして現在、U．S．ゲームズ社が出すウェイト＝スミス・タロットの右下端には1971という数字とコピーライトマークが印刷されている。

青箱の中身のデッキはスイスのAGミュラー社が印刷しているが、箱には「ウォディントン・プレイング・カード・カンパニーと共同」という文言が付加されている。青箱のデッキは他のデッキよりも少しだけ厚みがある。ライダー社は1971年以降も青箱のウェイト=スミス・タロットの製造販売を続けており、この製品は1970年代後半になってもヨーロッパで入手可能であった。小型の『トラヴェラーズ・タロット』(44×77㎜)も1975年に登場している。また少なくとも1975年まではライダー社が『タロット図解』の線描画の使用権を保有していた。これは1975年にデンマークの出版社が筆者の著作で使用するため『タロット図解』にあるイラストの使用料をライダー社に支払った点からも明らかである。

U.S.ゲームズ版の登場とともに、カードタイトルをさまざな言語で記したデッキが出現した。デンマーク語版まで印刷されたのである。この種のデッキではパメラ・コールマン・スミスの手書き文字のかわりに標準的なフォントが用いられ、タイトルスペースも全体が灰色になっている。この慣習が残念なことにU.S.ゲームズ社の英語版ウェイト=スミス・タロットにも波及してしまい、いまでは英語版でもパメラの手書き文字が使われなくなっている。この処置の結果として、現行のU.S.ゲームズ発行のウェイト=スミス・タロットは、同社がどう主張しようとも、もはやシビル・ウェイトが所有していたデッキの「復刻」とはいえないものとなっている。

U.S.ゲームズ社のデッキは黄色の外箱に入っている。年代によって外箱となかの小冊子に若干のヴァリエーションがあるが、カード自体は同一である。製作年代を識別するには、外箱にある出版元の住所を見るのが一番簡単である。

U.S.ゲームズ社の最初期のデッキには大きな文字で「THE RIDER TAROT DECK」と印刷されている(このとき初めてウェイト=スミス・タロットに「ライダー」という名前が入ったのである)。その後、名称は「RIDER TAROT」となり、さらに「RIDER WAITE TAROT」となった。最初期のデッキはスイスのAGミュラー社が印刷しているが、その後はベルギーのプレイング・カード製作所であるカルタ・ムンディ社が引き継いでいる。ただし特殊な版型、たとえばジャイアントサイズなどはAGミュラーに委託された。

Ｕ．Ｓ．ゲームズ社の最初の住所は「0120 Wall Street, New York 10005 NY」であった（1969年頃）。1970年代初頭から1979年までは「468 Park Avenue South N.Y. 10016」。1980年から87年までは「38 East 32 Street N.Y.」。そして1988年以降は「179 Ludlow Street, Stamford, CT 06902」となっている。

初期ライダー・タロット・デッキの一部には外箱にサミュエル・ワイザーという名前が付け加えられていて、少なくとも1970年代には合衆国内の販売の一部を有名なオカルト出版社であるワイザーが担当していたことがわかる。

販売されるデッキにはすべて、俗にいうＬＷＢ＝「リトル・ホワイト・ブックレット」が付属している。デッキの簡略な紹介とウェイトの『タロットの鍵』から採った各カードの意味を記した小冊子だが、これも年月とともにテキストに変化が生じている。特定のデッキの印刷時期を知りたい場合は、ＬＷＢの著作権マークの下にあるコードラインが手がかりになる。一番小さい数字がそのときの刷数をあらわしている。1990年代には外箱にバーコードが付け加えられた。

Ｕ．Ｓ．ゲームズ社は大中小といろいろなサイズでウェイト＝スミス・デッキを出している。大判は1987年に22枚版として出版され、1992年には78枚のフルヴァージョンで登場した。印刷担当はＡＧミュラーである。名称は「ジャイアント・ライダー＝ウェイト・タロット・デッキ」であり、大きさは100×174㎜。残念なことに大判の小アルカナは印刷の質が悪く、画像はずれてぼやけている。その意味するところは、大アルカナ版の売れ残りに新たに印刷した小アルカナを足した結果ということである。

Ｕ．Ｓ．ゲームズ社が出すスタンダードサイズのデッキは外箱表面に「魔術師」像を印刷しているが、小型版では「魔術師」以外に「高等女司祭」や「世界」が描かれたものもある。

小型版と標準版の中間で、サイズが57×89㎜というプラスチック素材のデッキをＡＧミュラーが印刷している。ドイツ語のタイトルが入った同一のデッキがドイツ人アイヨ・バンシャフの著書『タロットワークブック』(1988)の付録になっている。

U.S.ゲームズ社の特別版としては『ライダー・タロット・デラックス』(AGミュラー印刷、1990)もある。このデッキはエッジが金色で特製の外箱に入っており、背模様は小さな多数の輪が相互連環するというモダンな幾何学的パターンである。このデッキには英語版とドイツ語版が存在する。英語版にはパメラの手書き文字が使われているが、ドイツ語版は他の外国語版と同様に不細工なコンピューターによるレタリングが入っている。

AGミュラー社は独自にさまざまなデザインのタロットを出版する一方、U.S.ゲームズ社と協同して欧州でのウェイト=スミス・タロットと他のU.S.ゲームズ製品の販売を行っている。スイスにおけるAGミュラーのプレイング・カード製造は1999年にベルギーのプレイング・カード界の巨象カルタ・ムンディに引き継がれた。2001年には、スイスのオカルト出版社で長らくAGミュラーと協同していたウラニア・フェルラグもまたカルタ・ムンディの一部門となっている。

近年では新たなウェイト=スミス・タロットを出版する会社も登場している。とりわけ目立つのがドイツのオカルト出版社ケーニヒスフルトが1998年に出した「タロット・カルテン・フォン・A・E・ウェイト」という名前のデッキで、これもまたスイスのAGミュラーが印刷している。もともとこのデッキは1910年のウェイト=スミス・タロットの復刻になると想定されていた。発案者のペドロ・セイレルが英国のウェイト研究家R・A・ギルバートから借りたパムAをもとにリプリントを作るという計画であり、ギルバートもデッキを貸与した事実を認めている。しかし出来上がったのはかなり残念な代物で、外箱には「タロット・カルテン・フォン・A・E・ウェイト」と記され、カードタイトルはドイツ語、背模様はコンピューターでデザイ

ウェイト=スミス・タロット 価格の推移
(1975～2004年)

1975年:	6ドル
1978年:	6.95ドル
1982年:	8ドル
1985年:	9ドル
1986年:	10ドル
1989年:	12ドル
1992年:	12.95ドル
1999年:	14ドル
2000年:	15ドル
2003年:	16ドル
2004年:	18ドル

ンしたと思しき薔薇十字であった。しかしパムＡにあったオリジナルのアミ掛けの跡があちこちにあり、このデッキがＵ．Ｓ．ゲームズ社の標準サイズ版のリプリントではないことを示している。まったく同一のパムＡのアミ掛けの跡を有し、同一の背模様ながら外箱は別でタイトルがイタリア語というデッキが「イ・タロッキ・ディ・Ａ・Ｅ・ウェイト・エ・パメラ・コールマン・スミス」の名前で1998年にイタリアのロ・スカラベオ社から出版された。しかし箱の裏面には「イ・タロッキ・ライダー・ウェイト」とされている。

ウェイト=スミス・タロットの人気

18世紀以降、タロットはカードゲームの領域から一歩踏み出して秘教的占術の道具となっているが、世間一般にはフォーチュンテラー（最近ではカードリーダーと称する）、とりわけ女性占い師の持ち物と思われるようになった。一方、タロットを取り巻く秘教理論や歴史研究はもっぱら男性が書いている。黄金の夜明け団に入ると女性もタロットの「秘密」にアクセスできるようになったが、本気でタロットを論じたり理論構築したりするのは男性ばかりという状況が数十年続いていた。現在のウェイト=スミス・タロットの人気はウェイトに代表される秘密主義の難解な研究に帰するものとはいえないのであり、ましてその新たなアルカナ配列やカバラ関連にあるはずもない。人気の秘密は、1960年代のフラワー・パワー以降のタロット界が女性に乗っ取られたという事実にあるのである。ウェイト=スミス・タロットは女性たちがカード占いをする際の優秀な道具となる一方、カードリーダーたちの大多数はウェイトの秘教的カバラなど気にもとめなかった。パメラ・コールマン・スミスのイメージ喚起力に富む大アルカナと絵入りの小アルカナが女性占い師たちの意図にぴったりはまったのである。

女性がタロット・シーンを乗っ取ったというのは事実である。アメリカタロット連盟（ATA、American Tarot Association)や、残念ながらいまでは存在しない国際タロット協会(International Tarot Society)のメンバー表を見れば、会員の85〜95%が女性であることがわかる。タロット本を書く女性作家もどんどん増えていて、その多くは商業ベースのいわゆる占い本だが、非常に価値の高い学術研究も登場している。タロット関連の参加型イベント、たとえばコンベンションやワークショップの参加者も大多数は女性である。タロット界で女性の支配力が足りない分野といえば、出版部門くらいであろう。

ウェイト=スミス・タロットの人気の主な理由としては、これが最初のフルイラストのデッキであったという点であろう。どのカードにもなんらかの状況が描かれていて、そこから未来や過去へと話を展開できるのである。絵が入っているのは大アルカナとコートカードだけではなく、数札にも絵が入ったのである。このおかげで各カードの象徴体系も一目でわかる。以前は棒、杯、剣、金貨の基本的な意味を暗記し、さらに描かれた棒や剣などの数を数えて照応する意味を考える必要があったのだ。20世紀前半では、秘教タロットはきわめて少数の人間のためのものであったが、コミックブックを読んで育った1960年代のヒッピー世代の登場とともに事情が変わった。カラフルなイラスト付きのウェイト＝スミス・タロットがヒッピーたちの間に出回るようになると、それは永遠に変化し続けるコミックブックとして受け取られたのである。タロットはヒッピー・シーンに組み込まれた一部となり、人気が出たのであった。

同じ頃、スイスの心理学者カール・G・ユングの理論もまた人気となっていた。そしてユングのアーキタイプ論とタロットは非常に相性がよかったのである。ユングは膨大な著述のなかでタロットには曖昧な口調で一回しか触れていない。「タロットのイメージはアーキタイプに基づいているように思われる」（記憶引用）。ウェイト＝スミス・タロットには、ユングが語るアーキタイプをあらわすものが大アルカナのみならず小アルカナにも多数組み込まれているのである。それは文化や民族、地理的要件に関係なく、人類であれば全員に備わっているもので、ユングのいう集合的無意識という人格レイヤーに存在する象徴群である。すなわち、太陽、月、風、水、河、山、樹木、蛇、ライオン、大地、誕生、女神、父親像、子供、恋人たち、賢者、英雄、死、塔、復活など、少し思い浮かべるだけでもこんな感じである。

タロットと密接な関係にあるユングの考え方としては、個性化プロセスがある。個人が自己実現を通して発達し、他者とはまったく異なる存在へ進化するプロセスのことをこう称する。ユングによれば、このプロセスで実際に生じるのは個人が自分のアーキタイプと直面してこれと調和することであるという。かくして個人は思考と感情と感覚と直観が一個の統一体となる段階に到達する。22枚の大アルカナはこのプロセスの各段階を図示したものと見なすことが可能なのである。

1960年代前半のタロット文献は少ない。ウェイトの『タロット図解』等の古典的著作のリプリントが主流であった。マウニ・サドゥーの『タロット』のような新作はカバラが基本となっていて、初心者が簡単に理解できるようなものではなかった。筆者自身が初めてパメラ・コールマン・スミスの絵を見たのはイーデン・グレイの『啓示タロット』が最初であった。またこのとき初めてタロットの密儀の幾分かを理解したともいえる。イーデン・グレイのタロット本が現代のタロット人気に大きな役割を果たしてきたのは確実である。

1997年、90余歳になったイーデン・グレイは国際タロット協会から永年功績賞を授与された。翌年、同賞はスチュアート・R・カプランと筆者に与えられている。三者はそれぞれの道でウェイト＝スミス・タロットと強いつながりを持っているといえよう。

タロットのルネッサンスは1960年代のフラワーパワーのなかから成長してきた。市場に小規模の独立系タロット出版社が数社登場してきたが（本書第4部参照）、悲劇といおうか、タロット復興はこの分野の商業的搾取の道も拓いてしまったのである。1970年代に入ると、商業出版社たちがタロットの夜明けの光を目にした。それは単なる一時的な小流行ではなく、大儲けの機会を内包していると理解したのである。秘教タロットとカバラ研究はいまだ少数者のためのものであったが、カードリーディングは多くの人間にとって必須科目となっていた。タロットはタロット出版社の手厚い援助もあってマスメディアの一角となり、一般大衆の日常生活の一部となっていった。もっとも、商業的着火がなければタロットはふたたび狭い秘教サークルのなかへと漂い消えていった可能性も否定できないのである。

U.S.ゲームズ社のスチュアート・R・カプランが1999年に出した声明（『マンスリー・アスペクタリアン』誌1999年3月号掲載、ガイ・スパイアによるインタビュー記事、のちに国際タロット協会のニュースレターに再掲）によれば、ウェイト＝スミス・タロットはU.S.ゲームズ社の社内比で他のデッキの500倍相当の販売実績があるという。スチュアート・R・カプランは同インタビューにおいて、ウェイト＝スミス・タロットはそれまでで１億ドル相当の売り上げがあったと述べている。

20世紀の後半から最後の10年頃まで、アメリカの著名出版社数社がシェアを求めてタロット市場に参入している。具体的にはレウェリン社、インナー・トラディションズ社、ベア＆カンパニー等の名前があがる。欧州からもプレイングカード出版社がタロットシーンに姿を現した。英国のアクエリアン・プレス、オーストリアのピアトニック、スイスのＡＧミュラー／ウラニア・フェルラグ、フランスのグリモー／カルテ・フランス、ドイツのケーニヒスフルト、イタリアのダル・ネグロやイタルカーズ、そしてトリノのロ・スカラベオといった面々であった。ロ・スカラベオはもともとコミック本出版社であり、タロット業界へはコレクター向けの芸術性の高い限定版大アルカナデッキシリーズをひっさげて参入している。その後、自らも熱心なタロットとプレイングカードの収集家である社主のピエトロ・アリゴが、やはり熱意にあふれる少数のグラフィックアーチストのスタッフたちとともにロ・スカラベオを発展させ、ついにはＵ．Ｓ．ゲームズ社に次ぐ重要なタロット出版社に育て上げた。筆者のタロット仲間にして有名なタロット関係の著者であるアメリカ人が最近こう語った。「スチュアート・R・カプランが王様だ。かれに触れてはいけない！」

著作権問題

『タロット百科事典』第３巻において、スチュアート・R・カプランは次のように述べている。「U．S．ゲームズは1971年以来、独占ライセンスのもと、ウェイト自身が使用しその娘シビル・ウェイトが利用できた印刷デッキの著作権登録済復刻版を発行してきた」。明瞭な声明とはいえないものの、スチュアート・R・カプランの私信によれば、この文章の意味するところはウェイト＝スミス・タロットの著作権を出版社（ライダー）から買収する一方、同時期にシビル・ウェイトからアーサー・エドワード・ウェイトが使用していたデッキを借りて、それを自社が製作するタロットのモデルとしたとのこと。U．S．ゲームズ・システムズのデッキとそれ以前のライダー社の青箱デッキを比較しても明瞭な差は見当たらない。従ってシビル・ウェイトから借りたデッキの実際の出処がわからないし、現行のデッキをかつてウェイトが所有していたデッキの復刻版と主張する根拠もわからない。復刻とは英語で「facsimile」であり、オックスフォード英語辞典やウェブスター辞典を引くと、その意味は「書物、絵画、手稿などの正確な写し」となっている。

スチュアート・R・カプランは筆者宛の書簡においてU．S．ゲームズ社の著作権の範囲を以下のように説明している。「ライダー＝ウェイト・デッキに対してU．S．ゲームズ・システムズ社が保有する著作権、許可権、所有権、その他の諸権利はライダーから得ている。さらに、U．S．ゲームズ・システムズ社はライダー＝ウェイト・タロット・デッキの登録商標を保有しており、著作権と商標がライダー＝ウェイト・タロット・デッキのすべてのヴァージョンを保護する。加えて著作権法はアーチストの死後75年間の保護を提供する」

現行の合衆国著作権法は、1922年以前に出版された著作は出版された国、著者の市民権、著作権登録の有無に関係なく合衆国ではパブリック・ドメインに入ることになっており、法的な著作権請求はできないことになっている。

現在合衆国で出版された著作は著者の死後70年まで著作権期間を有すると定められている。しかし現行法は遡及的ではなく、従って合衆国ですでにパブリック・ドメインに入っていた著作は、この著作権期間規定が発動しても著作権を回復することはなかったのである。

すなわち筆者が読み解くかぎり、ド・ローレンスの海賊版『タロット絵解き』（後述）は1918年の著作権マークが入っているが、現在アメリカ合衆国ではパブリック・ドメインに入っていることになる。となればウェイト＝スミス・タロットもウェイトの『タロット図解』もパブリック・ドメイン入りしているのである。

この件に関しては、連合王国あるいはＥＵ全体ではルールが異なる。現行のＥＵ及び連合王国の著作権法では、作品は著者の死後70年でパブリック・ドメインに入ることになっている。しかしこちらの著作権法は遡及的であり、著作権保護期間が著者の死後50年であった時期にパブリック・ドメイン入りした作品も、新たな著作権期間の制定によって保護期間が延長されている。

パメラ・コールマン・スミスは1951年に死去しているため、ウェイト＝スミス・タロットを彼女の作品として認めるならば、ＥＵと連合王国では2021年までパブリック・ドメインに入ることはない。しかし彼女がウェイトから請け負ってイラストを描いたのはまず間違いのないところであろう。そうだとすれば、ウェイトは1942年に死去しているから、ウェイト＝スミス・タロットは2012年にＥＵと連合王国でパブリック・ドメインに入ることになる。しかし実際に費用を負担したのはウェイトか、あるいはライダーなのか？それによって状況に差異が生じるのか？これは簡単には答えが出ない問題である。

ルールというものはなるべくシンプルであってしかるべきなのだが、現実にはそうはいかない。さらなる相互協定、たとえば1994年に合衆国が署名しているＧＡＴＴ（関税及び貿易に関する一般協定）、あるいはベルヌ条約や万国著作権条約が顔を出してくる。たとえばＧＡＴＴは、ある作品の著作権保有者が合衆国著作権法に従うことができなかったために、その作品が合衆国でパブリック・ドメイン入りしてしまった場合の著作権保護期間を正常化する。この「正常化」には例外が設けてあり、「1909年7月1日（！）から1922年12月31日の間に出版された外国作品も合衆国の著作権保護を全期間受けることなり、通常の著作権失効を受けるものとする」。

スチュアート・R・カプランが初めてウェイト=スミス・タロットのデッキを入手したのは1968年のニュルンベルク玩具見本市でのことであった。かれはデッキを購入し、その年だけで20万個を売りさばいた。すなわちかれは黄金の卵を産むガチョウを発見したのである。この貴重なガチョウを大事に保護するのは当然であろう。もともとU.S.ゲームズ社はカプランが起こした会社ではなかった。かれは10年間「スタンダード・インダストリーズ」というウォール街の会社で働いていた。この会社は小規模の企業をいくつか所有し、経営していたのであり、U.S.ゲームズ社もその一つとなった。1978年になると、スチュアート・R・カプランは以前の雇用主から同社を買収している。

U.S.ゲームズ社が発表した「著作権に関する覚書」(2004)において、スチュアート・R・カプランは、ウェイト=スミス・タロットの実際の著作権保有者はJ・D・セムケンなる人物であると言及している。やや唐突であるという印象はぬぐえない。J・D・セムケンは1970年7月に死去したW・R・セムケンの遺産管理人である。W・R・セムケンはウェイトの友人であり、1942年5月19日に死去したウェイトの遺言状に記された最終的な残余財産受遺者二名のうちの一人であった。ウェイトの遺産の暫定的保有者であったA・S・M・ウェイト嬢（シビル・ウェイト）が1980年9月15日に死去したあと、公益受託人がウェイトの資産を整理し、W・R・セムケンとJ・D・セムケンに「アーサー・エドワード・ウェイトの資産の構成要素中にあるすべての著作の著作権及び著作権的性質を有する権利」を委託している。カプランはさらに、ランダムハウス社がこれらの著作権保有者から独占ライセンスを得てカードを出版していると述べている。U.S.ゲームズ社はランダムハウス社からサブライセンスを得ており、世界中でライダー・ウェイト商標の保持者として認められているとしている。

現在出版されているU.S.ゲームズ社のデッキには、「Copyright USGames 1971」という文言が印刷されている。これは1970年代中頃からそうであり、スチュアート・R・カプランの新たな声明によって実際の著作権保有者がJ・D・セムケンであると判明してからも変わっていない。1982年6月、シビル・ウェイトの死後、U.S.ゲームズ社はアメリカ著作権管理局に対して、「既存の素材」に関して1971年12月に行われた著作権設定の変更申請を行っている。この変更は外箱のデザインに対するもののように思われる。現在印刷されているタイトルは——

The Rider Tarot Deck
the original and only authorized ed. of the famous 78-card tarot deck
designed by Pamela Colman Smith under the direction of Arthur Edward Waite

——である。

さらに背模様や実際のリトグラフ再現も著作権の対象としている。その一方で「既存の素材」——パメラ・コールマン・スミスが描いた画像——はこの著作権声明には含まれていないように思われる。

スチュアート・R・カプランは「著作権に関する覚書」でさらに述べる。「ライダー=ウェイト・カードは1910年にA・E・ウェイトの出版社ライダー社による独占ライセンスのもとで出版されており、その後はライダー社の後継であるハッチンソン・パブリッシング・グループによって再版されてきた。そして1993年にJ・D・セムケンの完全承諾を得てランダムハウス社によりライダー名義で出版されている」

スチュアート・R・カプランの主張によれば、ウェイト=スミス・タロットは連合王国で最初に出版されたために同国の著作権法の下にあり、2012年まで保護対象になるという。1942年にウェイトが死去してから70年後ということである。さらにカプランはベルヌ条約も持ち出している。「この条約に署名した国の著者たちは他国がその国の著者たちに与える権利と同等の権利を有するものとする」。ベルヌ条約は著作権保護期間を著者の生存期間プラス50年と定めているが、それは「国内法がそれより長い期間を認めていない場合」という条件付きである(すなわち合衆国とEUはそれより長い70年を保護期間として承認している)。

スチュアート・R・カプランは「著作権に関する覚書」でこうも記している。「ランダムハウスとU.S.ゲームズは著作権保有者の全面的支援のもと著作権保護のためにあらゆる法的力を最大限に用いるであろう。またその際に生じる費用等は著作権侵害者の負担とする。われわれは現在まで著作権侵害に対する闘争で成功を収めており、今後も必要のあるかぎり闘争を継続する」

残念なことに過去の著作権侵害の実例が紹介されていないため、状況がよくわからないのである。ささいな著作権侵害はほぼ日常茶飯事といってよい。たとえばパメラ・コールマン・スミスの大アルカナの絵をもろに使ったTシャツが最近(2004年)販売された。このシャツの製作者を相手にした著作権侵害の訴訟は起きたのだろうか？

さてすべては明瞭となったのだろうか？　U.S.ゲームズ社の著作権は2012年まで有効である。いや、話はそれほど明瞭にはなっていない。著作権法と協定はいまだに疑問の余地を多く残しているのであり、おそらく多額の訴訟費用を伴う裁判によってのみ著作権侵害問題に決着がつくのであろう。たとえば、英国が1887年12月5日に署名しているベルヌ条約では、著者は著作権保有に関して形式的登録を必要としないとされている。しかし連合王国の法律では、1911年の連合王国著作権法が1912年7月1日に通過するまでは、著者は書籍出版業組合会館において著作権登録を行う必要があったのである。すなわち連合王国の法律では、ウェイトは1909年に出版した著作の著作権を書籍出版業組合会館にて登録しなければならない。それをしていないと、著作は出版されるとすぐにパブリック・ドメインに入ってしまう。ウェイトが登録をしていたとすれば、1911年の連合王国著作権法改正によってかれの著作権保護期間は生存期間プラス50年となる。ベルヌ条約でも保護期間は生存期間プラス50年である。この場合、ウェイト=スミス・タロットは1992年にパブリック・ドメインに入る。1988年の英国著作権法も保護期間を生存期間プラス50年までとしている。

これで明瞭となっただろうか？　いや、まだだめなのだ。ベルヌ条約が遡及性を有するかどうかという点が残っている。1978年1月からの合衆国の著作権保護期間を70年に延長するという措置が、すでにパブリック・ドメインに入っていた著作を除外しているか否かに関しても疑問があるのだ。

さらにこの状況に、1918年に行われたド・ローレンスの著作権主張がからんでくる。ウェイトの『タロット図解』をパメラ・コールマン・スミスのイラストも含めてまるまる盗み、題名だけをわずかに変更して『タロット絵解き』としてアメリカで出版したものだが、ウェイトが書籍出版業組合会館で著作権登録を行っていなかった場合、ド・ローレンスの行為にも法的根拠が生じるのである。

不確実な要素が多く、おそらく法廷闘争に持ち込んで判決を得ることはU．S．ゲームズ社にとって純粋な利益とはならないであろう。負けようものなら、黄金の卵を産むガチョウを殺してしまうことになりかねない。これからも偶発的な著作権侵害が生じるであろうが、現時点（2006年）でガチョウを搾取する時間はまだ6年残っているのである。

別の疑問もある。そもそも著作権とはなにを意味するのか？一連の図像をそのまま複写する権利なのか、あるいはおよそ考えつくかぎりの方法でそれらを使用する、あるいは悪用する権利なのか？法的にはともかく道義的にいかがなものか？

さらに登録商標の件はどうなのか？　U．S．ゲームズ社は「全世界におけるライダー＝ウェイト商標の保有者である」と主張している。パメラ・コールマン・スミスの78枚のイラストそれぞれに商標権があると考慮することが可能なのか？　商標はスチュアート・R・カプランがデッキに与えたライダー＝ウェイトという名称のみをカバーするものとも考えられる。

本書を書き終えようというタイミングで、筆者はそれまで見落としていたささいな部分に気がついた。U．S．ゲームズ社の最近の製品『ラディアント・ライダー＝ウェイト・タロット』（後述）付属の小冊子の奥付(おくづけ)に、パメラ・コールマン・スミスの名前の後ろに登録商標マークがあるのだ。これはミスであると信じたい。他人の名前を商標登録することが可能とは、ただただ信じられないのである。その人が存命中かすでに故人かは関係がないことである。もちろんこの件はさらなる調査が必要であろう。他人の名前の商標登録が可能であるとすれば、なんとも馬鹿げた話である。筆者はこの商標の目的に関してカプラン氏に声明を求めたが、返事はもらえなかった。

エピローグ

ウェイト＝スミス・タロットから「派生」した現代タロットは無数にあり、この先も数を増やし続けるであろう。ほぼ100年にわたり、アーサー・エドワード・ウェイトとパメラ・コールマン・スミスによるウェイト＝スミス・タロットは模倣者と時の試練に耐え、いまだに唯一真正なウェイト＝スミス・タロットであり続けている。すでに見てきたように、これほどの年月を経てもまだ初版のデッキを研究して見過ごされてきた細部を発見することが可能なのだ。「太陽」にある「ＬＯＶＥ」の文字や謎の波線しかり、ペンタクルの10にあるウェイトの印形しかり。そういった細部が新たな考察の引き金となる。本書において筆者は数枚のカードに集中し、長年タロット研究者たちが見落としてきた数か所の細部に関して指摘を行った。78枚のカードのなかには、まだまだ探究すべき部分が多数残っているであろう。

パメラ・コールマン・スミスを顕彰する

『マンスリー・アスペクタリアン』誌1999年3月号のガイ・スパイロによるインタビューにおいて、スチュアート・R・カプランはパメラ・コールマン・スミスを語っている。「残念なことに彼女は1951年に破産状態で死去している。葬式の費用すらだれも出してくれなかったため、コーンウォールの貧民墓地に葬られてしまった。10年前、わたしは同地に赴いて彼女の墓を探した。立派な墓石を建ててあげようと思ったのだ。しかし現地の人が言うには、身寄りのない人のお墓は他人の墓の上に設置されていくという。25年も経ってしまうと、彼女が実際に埋葬された場所を特定するのは不可能となっていた」

記念碑を建てるべき墓所はないかもしれないが、スミス嬢を顕彰する方法は他にもあるはずである。なにせ彼女こそウェイト＝スミス・タロットの絵を描いた画家なのである。顕彰する方法としては、まず1909/1910年のウェイト＝スミス・タロットを真の意味で復刻することがあげられる。すなわちパメラ・コールマン・スミスの絵を薔薇百合パメラAに見られるそれに可能なかぎり近付けて「完全なレプリカ」とする。またデッキを収める赤い箱と、同梱のウェイト著『タロットの鍵』1910年版も編集変更なしで復刻する。もちろんこのデッキを「ザ・ウェイト=スミス・タロット」として市場に登場させるのである。

第4部

ウェイト=スミス・リメイクス——物語は続く

Waite-Smith Remakes-The Story Goes on

ウェイト=スミス・タロットに
「インスパイア」されたデッキ一覧
（1911～2003年）

初期ウェイト＝スミスのリメイク・デッキ
―― 物語は続く

パメラ・コールマン・スミスのタロット画はその後に出版される大多数のタロットにとって一つの規準となった。もろに盗作という場合もあれば、いわゆるリカラリング（色の塗り直し）やリドローイング（線の描き直し）や自称改良版もいろいろと登場しており、このあたりを善意を持って総称すると「インスパイアド・デッキ」となる。筆者はこの章の章題を決めるにあたって慎重に考慮したのである。明らかにパメラ・コールマン・スミスの絵からヒントを得て製作されたタロット群を集めて注釈付きのカタログを作るわけだが、そういったデッキをなんと呼べばよいのか。可能的選択は無数にあった。模倣品、パスティシュ、パロディー、海賊版、盗作……。こういったデッキはクローンと呼ばれることも多いが、真の意味でのクローンではない。クローンはオリジナルを厳密に再現するものであり、ここに集められたデッキでそういうものはきわめて少数である。結局筆者は映画産業の専門用語である「リメイク」を使うことにした。リメイクがオリジナルの水準に達する例がきわめてレアなことはだれでもわかっている。上を行くことなどほぼあり得ない。映画産業における「リメイク」の意味は、他人のオリジナル作品の人気に乗じて金銭目的で同作品を再製作するということである。ウェイト＝スミス・タロットのリメイクもまさにこれであろう。この章で紹介されるデッキの多くが、パメラ・コールマン・スミスにもアーサー・エドワード・ウェイトにも一切触れないという点も注目に値する。

三人の女性が杯を頭上高く掲げている「杯の３」（典型的三美神像）、あるいは10本の剣が突きたてられている死骸、こういったものを目にするとき、われわれは実質的にパメラ・コールマン・スミスにインスパイアされたデッキを見ていることになる。筆者の見解では、この種の「インスパイアド・デッキ」の大多数は不要にして劣悪である。タロットになんら新しいものをもたらすものでもなく、いかなる意味においてもパメラ・コールマン・スミスの絵を向上させるものではない。タロット・

デッキを作るべく手間ひまかける画家がなぜ自分独自のデッキを創造しようとしないのか、理解に苦しむ。ウェイト=スミス・デッキはほぼ100年前に作られたものであり、それから諸々の事情が変わり、生活状況も変化している。もちろん大アルカナは多少なりとも伝統的象徴体系にしたがう必要があるだろうが、数札のほうは現代的解釈の余地が十分にあるといえる。ではなぜパメラ・コールマン・スミスが描いた図像がここまでコピーされてしまうのか？　おそらく後発の画家たちがタロットに関して多くを知らないか、あるいは想像力が不足しているからとしか思えない。この点、強烈かつ鮮烈なタロット伝統を有するフランス人たちがウェイト=スミス・タロットをモデルにする誘惑をほとんど感じていない点は注目に値する。

この種の模倣デッキの多くは比較的短期間流通したのち、完全に忘れ去られてしまうのが常である。ウェイト=スミス・タロットは100年前に作られ、その人気はいよいよ高まる一方である。現行のタロットでこれほど長期間生き残る品はちょっと想像できない。たいていの製品はやってきては、またどこかに消えるだけである。

パメラ・コールマン・スミスに「インスパイア」されたデッキをすべて解説するとなると分厚い書物になるであろう。このカタログで紹介するのは2003年までに登場した有名なリメイク・デッキで、明らかにウェイト=スミス・タロットをベースとしているものに限定する。

ド・ローレンス

ウェイト=スミス・タロットに対する最初の剽窃行為は1918年という早い段階で出現している。同年、アメリカ合衆国のシカゴに所在するド・ローレンス・カンパニーが『タロット絵解き』という書物を出版したのである。ほどなくこの書物はウェイトの『タロット図解』の完全にして完璧な模倣品であると判明した。参考文献一覧まで同一という厚顔ぶりである。変更された部分といえば「図解」を「絵解き」にして、著者の名前をＬ・Ｗ・ド・ローレンスにしたくらいである。同書掲載の図版はパメラ・コールマン・スミスの線画であり、同時発売のＬ・Ｗ・ド・

ド・ローレンス

ローレンス社製タロットの図像も同様だった。この本は長年にわたって何度もリプリントされたが、奥付の発行年は1918年のままであり、何刷目かも明記されていない。初期刷りの版のなかにイラストに黄色を足したものがあることは確認されているが、その他はほぼ白黒版である。表紙と紙質もプリントランによって異なっている。

同時出版のデッキは2色刷りの安っぽい製品で、使用される色は黒とその他一色のみである。これまで確認された使用色は黄色、オレンジ色、赤色である。黄色デッキの外箱には「79 North Michigan Avenue, Chicago 1, Illinois」という住所が記されていた。おそらくこれが最も初期の版であり、四隅は角ばっていて背模様はない。その後の黄色デッキは四隅は丸くなり、オレンジ地に白ドットの背模様となっている。

オレンジ色デッキの住所は「180 North Wabash Avenue, Chicago 1」であり、赤色デッキは住所は同一だが郵便番号「60601」が付け加えられている。郵便番号制度が導入されたのは1963年であるから、このデッキがそれ以前に生産された可能性はないといえる。

どの版の扉ページにも、大変な数の著作名が列記してあって、どれも著者はド・ローレンス氏である。ほんとうに全部自分で書いたのかどうか、こちらのほうが不安になる。

皮肉もここまでくればすごいもので、ド・ローレンスの剽窃本には「著作権1918年、ド・ローレンス・スコット・アンド・カンパニー」との文言が入っている。さらに「著作権を侵害する者は法による処罰を受ける」との声明付きである。しかしド・ローレンスは、道義的にはともかく法的にはウェイトの著作を複写して販売する権利を有している可能性がある(著作権に関する章を見よ)。

聖堂の建設者(B. O. T. A.)

この組織はアメリカの秘教家ポール・フォスター・ケースによって創立されている。ケースは黄金の夜明け団のアメリカ系分派のメンバーだった人物で、1930年頃にジェシー・バーンズ・パークに描かせたデッキを出版している。このデッキは大アルカナに関するかぎりパメラ・コールマン・スミスの大アルカナの描き直しである。珍しい点といえば、「神官」がポール・フォスター・ケースの顔になっていることくらいであろう。フォスター・ケースは1954年に死去しており、「聖堂の建設者」はその商業主義とケースの独善的教義がときに批判されることもあるが、アメリカのタロット関係者の間で確固たる地位を占めている。

この組織のタロット研究の一部として、学徒が厳密な色彩指定に従ってタロットに色を塗るという課程がある。指定したのはケースであり、秘教的色彩照応理論に基づくものとされている。それゆえこの組織のデッキは白黒で印刷されている。通常版の78枚フルデッキ(63×107㎜)と大アルカナのみの大判(105×175㎜)が入手可能であった。初期のデッキは2ピースの外箱に入っており、その後の版は一枚の厚紙を折りたたんで成形する外箱入りである。ケースの著作群、『しるしの書』と『タロット、歴代の叡智の鍵』は、新版になると大アルカナのカラー図版が入っている。現代は色彩を必要としているのである。しかし聖堂の建設者は自分で色を塗るという基本からは逸脱していない。色付き版はデッキとしては発売されていないからである。同書の着色をだれが行ったのかは明記されていない。ケース氏は半世紀前に亡くなっているから同氏の筆になるものとは考えにくいが、色彩は間違いなく指定通りのものである。

トムソン=レン・タロット

パメラ・コールマン・スミスの絵をもろにコピーせず、部分的に描き直した初期のデッキとしては、1935年英国のトムソン=レン・タロットがある。トムソン=レンとは当時数誌の雑誌を出していた出版社で

トムソン=レン・タロット

あり、このデッキは『ザ・タロット・フォーチュン・テリング・カーズ』と称され、定期購読者に提供されていた。図像はパメラ・コールマン・スミスの絵をなぞっているが、顕著な差異は棒のスートにある。登場人物たちは典型的な1930年代スタイルと髪型に中世風衣裳を混ぜ合わせた奇妙な恰好をしている(121ページ参照)。このカラフルでやや小型のカード（88 × 57㎜）は麻地の厚紙に印刷された。トムソン=レン社はタロットのみならず占い用カードも購読者に提供している。

ヘンリエッタ・E・シュマント・タロット

ヘンリエッタ・E・シュマントによる22枚のデッキが191ページに及ぶ自費出版の書『今日のタロットの鍵』（1948、合衆国）の挿絵として描かれている。筆者所有の一冊は手彩色が施されているが、これが画家自身の手になるものか、以前の購入者によるものなのかは不明。

ユニヴァーシティー・ブックス

ユニヴァーシティー・ブックス版のウェイト=スミス・タロットは少なくとも3種は存在する。うち2種はユニヴァーシティー・プレスの住所として外箱に「New Hyde Park, N.Y.」と記してあり、他の1種は「120 Enterprise Ave, Secausus, N.J.」となっている。最初期の版の外箱はモーヴ色のリネン紙でカバーされた分厚い2ピースのスライドボックスであり、裏と表にカードが糊付けされていて、箱の側面には金文字でウェイトとスミスの名前が記してある。その後の版は普通の厚紙の外箱に入っている。カード自体にはほとんど差がなく、どれも背模様はエジプト十字架をあしらったデザインである。色調はライダー社のウェイト=スミス版よりもずっと強く、ユニヴァーシティー・ブックスに言わせると「豪奢」とのこと。デッキの線画はウェイトの『タロット図解』にあるものとまったく同一であり、アミ掛けから判断するにパムA版をベースにしている(122ページ参照)。デッキにも外箱にも日付の類がない。スチュアート・R・カプランの『タロット百科事典』第1巻でも言及されているが、ここでも発行年が記されていない。

1959年、ユニヴァーシティー・ブックスはウェイトの『タロット図解』をカラー挿絵をつけて市場に送り出している。この挿絵もパムAをベースにしており、また同書にはガートルード・モークレーの序文もついていた。最初期版のデッキにはこの本の広告を載せたカードがついていたから、デッキもおそらく同時期の出版であろう。2ピースの外箱に入った版はデンマークでも1970年代半ばまで販売されていた。

アメリカのユニヴァーシティー・ブックスによるウェイト=スミス・タロットは長期間販売され、版を重ねている。この期間はまた英国のライダー社の青箱版の発売時期と重なっているのである。ライダー社が著作権主張をしたという話が伝わっていないのも興味深いところであろう。

ゾラーの占星術カード

ずらりと並ぶアメリカ発のリメイクのなか、次に目立つ存在としては「ゾラー占星術カード」があげられる。初版は1963年ニューヨークのゾラー・パブリッシング・カンパニーであり、1983年にはU.S.ゲームズ社が再版している。色彩設定はド・ローレンスなみに単純なもので、黒の描線に赤と緑の効果色を加えただけである。U.S.ゲームズ社の再版デッキでは効果色は紫と薄緑に変更されてしまった。このデッキは全部で56枚しかないが、カードの両面を使うことで78の図像をすべて収蔵している! 片方の面に小アルカナをすべて印刷し、裏面に大アルカナすべてと「ゾラーの占星術デッキ」(別個に購入できる占いカード)、さらに十二宮と7惑星とラッキーナンバーを印刷しているのだ。さらに

ゾラーの占星術カード

フランス流カードマーク（ハート、ダイヤ、クラブ、スペイド）を小アルカナに付け加えているため、やろうと思えばこのデッキでカードゲームも可能である。タロットの図像の上下には占い上の意味が小さな文字で印刷されている。

自販機タロット

ヴェンディング・マシン・タロット、すなわち自販機タロットは1967年にトランソグラム社が出版したもので、「KaBala」と呼ばれる占術体系の一部である。自動販売機で販売されていたのは明らかであり、ゆえに自販機タロットと呼ばれるのであろう。22枚のカードは小ぶりでB．O．T．A．タロットをベースにしているが、「死神」はウェイト＝スミス・タロットから直接持ってきている。どのカードも正方形に収まるようトリミングされており、伝統的に裸体として描かれる人物たちも衣服を着せられるか、絵柄を変えられている。カードの裏側に占い上の意味が印刷されている。

ロイヤル・フェズ・モロッカン・タロット

ロイヤル・フェズ・モロッカン・タロットの初版は1974年頃に英国のリゲル・プレスによって出版された。上製の外箱に収納されたエディションが数種出回っており、箱に印刷された文言にいわく、そのデザインは「13世紀のモロッコのデッキに由来すると言われている」。しかし同デッキのデザインがパメラ・コールマン・スミスのタロット画に由来するのは一目瞭然である。他の盗作者と同様、このデッキもウェイトとスミスの名前をまったく出していない。デッキの原案者はメンサの関係者であったローランド・ベリルであり、作画はマイケル・ホブデルであった。

筆者はより古い版を所有している。それは500部の数字入り限定版である。通常版との大きな差は、限定版のほうがよりグロッシーな厚紙に印刷されており、エッジはゴールド仕上げである。背模様も限定版は青一色だが、通常版はオプ・アート・パターンを採用している。限定版の外箱は2ピースのスライドボックスだが、英国の通常版はリッド式2ピースである。メアリー・K・グリアによれば、このタロットは1950

The Authentic Tarot

3 of Wands

The authentic Tarot pack consists of the original 36 spot cards *only*, issued from Fez in Morocco in the early XIIIth Century as a cipher to inform remote disciples, and to confuse the heresy-hunters. The other 42 cards—The Wheel of Fortune, The Hanging Man, The Emperor, and so on—have been added in subsequent centuries.

For this reason, we have prepared an entirely new set of the original 36 cards. Helped and guided all the way, we have brought into being superb works of art, worthy of their mystical origin, beautifully reproduced in 4 colours, with deep blue backs, and edged with gold.

Our price for the pack, in box, with instructions for use, is only £1. Write to:

BCM/FEZMOROCO

3 BLOOMSBURY STREET, LONDON, W.C.1

Please make out cheques and Postal Orders to "Fezmoroco."

最初期のフェズ・モロッコの広告。『プレディクション年鑑』1960年版88ページより

年代初頭に印刷されていたが、市場に登場したのはホブデルとベリルの両者が死去したあとの1970年代に入ってからだという。その後、デッキの製作をU. S. ゲームズ社が引き継いでいる。

ホーリー・オーダー・オブ・マンズ

ホーリー・オーダー・オブ・マンズは1968年にアール・ウィルバー・ブライトンによってサクラメントにて創立されている。ブライトンはもとは合衆国の薔薇十字団体であるAMORCの関係者であり、1940年代から50年代には秘教家にしてヒーラーとして活動していた。そして1968年にはサンフランシスコにてサイエンス・オブ・マン教会を創立し、信者グループとともにヒッピー共同体のソーシャルワーカーとして活動するようになった。

タロットはこの組織の教義の一部となった。もともとブライトンの妻ルースがB．O．T．A．のタロット講座を受講していたという経緯もあり、ヘブライの生命の樹とタロットの関係を週1のクラスで教えていたのである。そこで特製のタロットを作ろうという話になり、別の団員がデザインを担当することとなった。B．O．T．A．と同様、団員は指示に従って自分のデッキに自分で色を塗るよう奨励されている。白黒の大判（110 × 180㎜）の大アルカナセットには色彩指示書とエクストラカード2枚(生命の樹、及び32の小径)がついている。すべてのカードがウェイト＝スミス・タロットに準拠しているわけではない。たとえば「隠者」にはウィルトの影響が見てとれる。「太陽」もまた人物一人を描くというウェイトのコンセプトに従っておらず、伝統的なタロットのデザインである二人の子供を描いている。

このデッキには細部に差がある版が数種ある。最も顕著な差はタイトルとナンバーに使われた活字であろう。1979年版は団の出版部門であるエピファニー・プレスから出た最後のエディションとなった。

アール・ウィルバー・ブライトンは1974年に死去しており、その後に団内の権力闘争が始まった。結果として、ホーリー・オーダー・オブ・マンズは1988年にその門戸を閉ざしてしまった。しかしルース・ブライトンはサイエンス・オブ・マン教会の内部で作業を続けており、1995年にもタロットの細かい点に変更を加えている。現在このタロットはザ・サイエンス・オブ・マン・タロットとして入手可能となっている。

ホイ=ポロイ・タロット外箱

ホイ=ポロイ

ホイ=ポロイ・タロットはパメラ・コールマン・スミスの絵を自由に描き直したタロットである（122ページ参照）。数種類のエディションがあるが、その差異は包装と小冊子の違いでしかなく、カードそのものはまったく同一である。筆者が知る最古のエディションには1972年の著作権マークが入っており、ホイ=ポロイ社の製作となっている。背模様はスタイリッシュな鍵をデザインしたものである。香港で印刷され、著作権マークが1983年、ナショナル・パラゴン・コーポレーションの一部門であるパラゴン・レイスの製作となっているデッキもある。別のエディションはホイ・ポロイ・プレイボーイ・タロットと呼ばれるもので、著作権マークは1972年、ビニールの袋に入って販売されていて、製作は「Romany Merchandise Corp. 1150 Broadway, N.Y.」とのこと。ご多分にもれず、画家の名前もなければウェイト=スミス・タロットへの言及もない。

エインシャント・プロフェシー

エインシャント・プロフェシーはカリフォルニアのアナハイムにあるダイナミック・ゲームズ・インダストリーズによる1973年のデッキである。筆者の考えでは、このデッキは発泡スチロールを使った化粧箱に詰められた最初のタロットの一つではなかろうか。これはやめてもらい

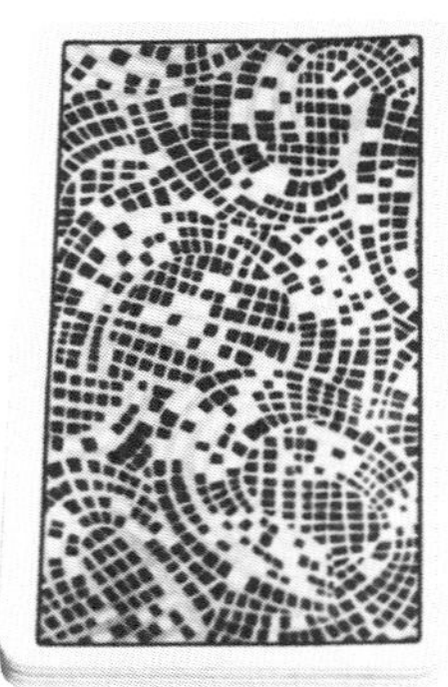

メリマック版の外箱

たいのだが、いまだに見かけることもある。デッキ自体はパメラのデザインを適当に描き直したもので、やはりこれも原画を描いた人間への言及がない。背模様は燃え上がる十字架である。36ページの小冊子が付録としてついている。

メリマックのさまざまなエディション

ニューヨークを本拠地とするメリマック・パブリッシング・コーポレーションは長らく安価なプレイングカードの製作で知られている。実際にゲームで使用するカードではなく、お土産物やコレクター向け商品としてのプレイングカードを作ってきたのである。同社の商品カタログの中に「タロットカード完全セット、指導書付き」というアイテムがあり、その実体はカードの下部に占い用文言を印刷したウェイト＝スミス・タロットである（123ページ参照）。やはりウェイトもコールマン・スミスも言及されておらず、付録の指導用シートにも名前が出ていない。カード自体はスタンダードなウェイト＝スミス・タロットよりもやや小型（63 × 105㎜）である。わずか22 × 35㎜という特別版「世界最小タロット」もある。このミニチュア版に印刷された占い上の意味説明は字が小さすぎて解読不能である。背模様は白地に赤の点々となっている。

ヘルス・リサーチ・ウェイト＝スミス

珍品としては、カリフォルニアはモークラム・ヒルに所在するヘルス・リサーチが出したデッキがある。この会社は1970年代に各種オカルト本を安価な（そして出来の悪い）スパイラル・バックで出版することを専門としていた。この社のデッキは市場に出回ったウェイト＝スミス・

タロットのリプリントとしては間違いなく最悪の製品である。パメラ・コールマン・スミスの図像をステンシル法で印刷してあるのだが、紙は赤い薄っぺらな代物だし、黒インクを使いすぎている。裁断は鋏で手作業したようである。フォルダーに入って販売されていて、1972年の時点で価格は2ドル。筆者の手元にあるデッキ以外に、捨てられずに残ったものがあるのだろうか?

ベアロット/ベア・タロット

エリオット・コルカーによるこの奇妙なデッキは数種類のヴァージョンが存在する。初版は1984年前後である。わずかに差異がある描き直し版が1987年に登場している。大アルカナ22枚からなるこのデッキは普通紙に印刷されていて、裁断もいいかげんである。同じ図像を有するグリーティングカードのセットがやはり1987年に製作されている。エリオット・コルカーは熊のイラストをさまざまな目的に使用する人で、小さな半貴石をマウントするホイール状のグリーティングカードなども出している。

3種類の日本製ウェイト=スミス・タロット

パメラ・コールマン・スミスの図像に影響された日本製タロットは何種類もあるが、大陸書房タロットはスミスの図像の描き直し版である。1975年という早い時期に出版されたこのデッキは、それから現在まで無数に続く日本製タロットの最も初期のものの一つである。イラスト担当は中島靖侃(せいかん)、270ページに及ぶ同梱書の著者はアレクサンドリア・木星王、日本におけるタロット関連でよく目にする名前である。大陸書房は出版社の名前である。

色彩は派手でアルバノ(後述)を思い起こさせる。一部のカードではパースペクティブに変更があり、スミスの原画よりも近距離から描かれているといえる。また「愚者」のように、日本語の読みの方向に合致するよう反転して描かれたカードもある。外箱にはウェイトの肖像画があり、日本語本文でもウェイトへの言及が存在する。

その後登場したウェイト＝スミス・タロットをベースにする日本製タロットとしては『タロット占い――カードが語るあなたの未来』(1989) がある。作画担当は小澤重行、製作は池田書店。同梱書の著者はウィルとなっている。大アルカナはカラーだが、小アルカナは白黒のみである。

第三のデッキはエトワール舟黎（しゅうれい）デザイン、ケイイチ・コンノ作画の『タロット占星術』(土屋書店) である。このデッキは1989年に大アルカナのみで出版されたが、その後の1990年版ではウェイト＝スミスの小アルカナの描き直し版が加えられている。

左●ウェイト・ヴァリエイショナーI：汝のウェイトを知れ　右●ウェイト・ヴァリエイショナーII.3

限定版芸術作品

AMA-kortエディション(デンマーク)

1989年から1990年にかけてウェイト=スミスのイメージに基づく一連の限定版デッキがGMWKS(別名:ウィッタ・M・キースリング・イェンセン)によってデザインされた。

・ウェイト・ヴァリエイショナーI:汝のウェイトを知れ
ハンドメイド、手彩色、133部限定版。実際に製作されたのは25部のみ。70×120。ウェイト=スミス・タロット大アルカナの細部を描く。1989年。

・ウェイト・ヴァリエイショナーII.1:ア・ラ・プリング
手彩色の30部限定版。26枚(エース含む)及びテキストカード。44×66㎜。手彩色シルクバッキングとカバー。1990年。(128ページ参照)

・ウェイト・ヴァリエイショナーII.2:メタリック・ブルー・オン・レッド
30部限定版。26枚(エース含む)。42×71㎜。1990年。

・ウェイト・ヴァリエイショナーII.3
30部限定版。26枚(エース含む)。42×71㎜。各カードに別個のディテールをデザイン中に組み込む。特別彩色。1990年。

・ウェイト・ヴァリエイショナーIII:トランス・ウェイト
半透明プレイングカードによくある透過性のエロチック・イメージを仕込んだシースルー版。26枚及びテキストカード2枚。ゴールドエッジ。手作りかつ手塗りの箱に入る。

パメラが描いた肖像画群――ピクシー礼賛

本書の著者によってデザインされた限定版デッキ及び関連プリントのシリーズが、デンマークの都市ロスキルドのウロボロス社によって小部数で出版されている。全デッキはパメラＡにあるパメラ・コールマン・スミスの図像から採取した頭部像を多数のステップを経て拡大したものである。（128ページ参照）

・最大判（Ａ３）。1992年11月、コペンハーゲン・アート・フェア展示用。黒、赤、青の３色。

・同じデザインだがサイズが50×70㎜のもの。1994年。

・同じイメージを持つ郵便はがきセット。1994年。

・ＡＰＡの第100号タロット特集（1994年４月）を記念して50部限定で製作された特別限定版。各カードにＡＰＡ寄稿者の名前入り。テキストカードに現在及び過去のＡＰＡ寄稿者の名前一覧。同号にはＫ・フランク・イェンセンによるアートスタンプシートが付く。このシートは限定版で、タロットの発展と普及に貢献した重要人物たち、すなわちクール・ド・ジェブラン、パメラ・コールマン・スミス、アーサー・エドワード・ウェイト、そしてスチュアート・Ｒ・カプランが描かれ、ウィッタ・Ｍ・キースリング・イェンセンとＫ・フランク・イェンセンがそれぞれ手彩色している。同様の彩色を施されたＷボックスも数点作製されている。

APA 第100号付録の記念アートスタンプシート

・K・フランク・イェンセンの彩色による限定ナンバー入りアートスタンプシートセット。1999年。

・ガラス製蓋付きの箱に入った同彩色の限定ナンバー入りデッキ版、さらに同デザインをミニチュアサイズの十字状物体に描いたタロット十字が付録として付く。2002年。

パメラの描いた肖像画。1992年、コペンハーゲン・アート・フェアにて展示

リカラリング・デッキ群

アルバノ＝ウェイト・タロット

1960年代に入ると、パメラ・コールマン・スミスの絵の色を塗り直そうというアイデアが生じている。おそらくそうすることで色彩関係がもっと向上すると信じていたのであろう。出版にまでこぎつけた最初のリカラリング・デッキはフランキー・アルバノの『タロット・カード―ニューカラー・デラックス・エディション』であり、一般にはアルバノ・ウェイト・タロットと呼ばれている（124ページにカラー図版あり）。1967年にこのデッキを出版したのはロサンゼルスのアルバノ自身の会社「タロット・プロダクション」であった。

アルバノは強烈な濃色を用いているため、デッキの視覚的印象はかなり異なっている。パメラの線画は変更されなかった。アルバノ・ウェイト・デッキは3種類の版型で製作されている。ミニ版（39×61㎜）、通常版（72×122㎜）、そして大判（140×235㎜）である。大判は22枚の大アルカナのみでカードの四隅も丸くなっていない。通常版は78枚のフルデッキ版と22枚版の2種類がある。背模様は金色で印刷された太陽である。

ジャイアント・アルバノ

外箱は明るい黄色で、５年後に登場するＵ．Ｓ．ゲームズ社の黄色箱によく似ている。もっともアルバノ・ウェイトはカバーに「太陽」を描いているが、Ｕ．Ｓ．ゲームズは「魔術師」である。

タロット・プロダクションがプロデュースした別のタロット製品としては、やはりフランキー・アルバノがデザインした「タロット・ホイール」という名称の巨大ウィジャ盤がある。盤内に描き込まれた22枚のカードはウェイト＝スミスのそれだが、アルバノ特有の濃厚なカラリングは施されていない。

アルバノ・ウェイト・タロットのミニ版と通常版の製作は、他の独立系タロット出版と同様、後日Ｕ．Ｓ．ゲームズ社に引き継がれている。Ｕ．Ｓ．ゲームズ版のアルバノ・デッキは1988年のミニ版が最初の製品だったが、カードの幅を大きくしたためにプロポーションが狂っていて、人物が太って見える。アルバノのオリジナル図像はボーダーなしで33×55㎜だが、Ｕ．Ｓ．ゲームズ社のそれは35×56㎜なのだ。Ｕ．Ｓ．ゲームズ社の通常サイズ版は1991年まで発売されなかった。残念なことに、この版は輪郭線がぼやけて色彩も歪んでいるため（おそらく写真複製である）、オリジナルとは勝負にならなかった。

アルバノの色彩は衝撃的であり、多数の米国タロット関係者に大いにアピールしたが、肝心のデッキがしばらくの間入手困難となっていた。当時はアルバノの消息に関して裏のとれない噂の類が流れていたものである。いわくフランキー・アルバノは一時期Ｕ．Ｓ．ゲームズ社のために働いていたが、居心地が悪くなって姿を消してそれっきりになったとか。あるいは薬物所持で収監されたとの噂もあった。知られている事実としては、アルバノ・ウェイトは1988年まで再版されず、その後カプラン氏が著作権を入手してミニ版を出版し、さらに他の版も出していったということくらいである。

ユニヴァーサル・ウェイト

1970年代後半、筆者はスチュアート・Ｒ・カプランに白黒版のウェイト＝スミス・タロットを出すよう提案したことがある。そうすれば有志が自分用の彩色デッキを作ることができるのだ。そのような需要があるとは思えない、というのがカプラン氏からの回答だった。その後U．S．ゲームズ社は自らリカラリングというトレンドへ参加するほうを選択した。そういったリカラリング商品の一つがメアリー・ハンソン＝ロバーツによる「ユニヴァーサル・ウェイト」（1991）である（123ページ参照）。1992年には本＆デッキのセットも発売されたが、同梱の本はウェイトの『タロット図解』の新版であった。この本の奥付は初版年を1910年と誤記している。正しい初版年は1911年である。メアリー・ハンソン＝ロバーツのカラリングはアルバノのそれとは対極にあるもので、薄くて柔らかい。背模様は黒地に金色の星がちりばめられている。パメラ・コールマン・スミスの線描は細部まで再現されておらず、ゆえにこのデッキはリカラリングというよりもリドローイングというほうが正しいといえる。たとえば「太陽」を見ると、例の波線が消えているのがわかる。もはやスミスの芸術ともウェイトの意図とも乖離してしまっているのである。スチュアート・R・カプランがなぜこのデッキを「発案」（文中にそう表記されている）し、ハンソン・ロバーツに製作を依頼したのか、その理由が知りたくなる。わざわざ新たなカラリングのデッキを製作して既存のデッキと競合させる意味がどこにあるのだろう。タロット商売はときに不可解なのである。

ザ・ゴールデン・ライダー

リカラリングの別の例としては、スイスのＡＧミュラーが出版したフランソワ・タペルノの「ゴールデン・ライダー」（1992）がある。このデッキの一番よい点は各カードの余白を白でなく金色に塗ったことである。タペルノはパメラ・コールマン・スミスの描線を尊重しているが、このデッキにはパメラ・コールマン・スミスの名前は一切ない。かわりにライダーという名前が言及されている。

過去20年間の大量生産品(1980～2003年)

1970年代から1980年代にかけて、パメラ・コールマン・スミスの図像に基づくデッキが最初はゆっくりと、やがて続々と出現するようになり、20世紀末にそのピークを迎えている。次のセクションでは有名デッキに加えて、通常地理的にタロットを連想させない地において出版されたデッキを紹介していく。

オランダのデッキ2種

フラマン語のタイトル付きでオランダで出版されたデッキが2種類存在する(1970年前後)。一つはバート・バッカーがデンハーグにて出版したもので、スミスの白黒線画を厚紙に印刷して赤文字でオランダ語のタイトルが印刷してある。背模様はエジプトの十字架であるアンクを描いている。興味深いのは、おそらくこれが初めて製作された白黒版のウェイト=スミス・タロットであるという点であろう。

もう一つのデッキは同様のアンク柄の背模様を有するデッキで、出版社はユトレヒト/アントワープのフェーンとされている。このデッキは伝統的な着色をされている。両デッキは出版社こそ異なっているが、実質同一のものである(同じ背模様、同じフォント、ただしフェーンは黒文字)。

ギリシャのウェイト=スミス

ギリシャ語で「ΤΑΡΟ」と記されたデッキが1985年頃にギリシャのアテネにある会社から出版された。背模様はMの字をあしらった紋章盾である。カードサイズは63×105㎜しかない。ギリシャ語のタイトルを有するデッキはもう1種類あるが、こちらはU.S.ゲームズ社のウェイト=スミス・タロットによく似ている。違う点は背模様くらいで、灰色と青色の三角形を組み合わせた幾何学的パターンである。このデッキに関して筆者はこれ以上の情報を所有していない。

ロシアのデッキ3種

まずキリル文字でタイトルを記したデッキ、及び英語で記したデッキの2種類がある。

一つは「スピリチュアル・タロット」と称されている。デザインはA・ザラエフで出版年は1999年。78枚のカードの図柄はもろにウェイト＝スミスである。「愚者」は21番とされ、「世界」は22番である。またなんの絵も描かれていない0番のカードもある。さらに12番、13番、15番、16番、18番、20番の札は2枚ずつ存在していて、しかも片方は絵柄がまったく違う。従ってこのデッキは全部で85枚という構成である。4つのスートと大アルカナはそれぞれボーダーの色が異なる。ロシア語の小冊子が付録となっている。

もう一方のロシアン・デッキは「タロ・アルツラ・ウェタ」と称されており、出版はノボシビルスクのＬ・Ｇ・コスチェレワ、2000年となっている。

第三のロシアのデッキは1999年の出版で、Ｕ．Ｓ．ゲームズ社のウェイト＝スミス・デッキとよく似た箱に入っている。唯一の差はタイトルがキリル文字で記されていて、背模様がＵ．Ｓ．ゲームズ社の青／黒チェックではなく、茶色と黒色のチェックという点である。

音によるタロット探究

1988年、オーディオ・ルネサンス・テープス社からサウンドカセット『音によるタロット探究』の付録として小型（89 × 57㎜）でプラスチックに印刷した白黒デッキが出版された。このカセットではメアリー・グリアがその著書『タロット・コンステレーション』に基づく各種指導の朗読を行っている。付録のタロットの背模様はテープ会社の宣伝となっている。かなり出来の悪い製品であり、コーティングが十分に乾燥していない状態で積み重ねたらしく、表面はざらついていて、カード同士がくっついている。

新たな配列を得るタロット

タロット関係者のなかには1デッキに78枚では足りぬ、さらなる枚数が必要であると考える者もいる。そういうわけで新たな並び順を施されたタロットが二人のオランダ人兄弟、オンノ・ドクテルス・ファン・リューウィンとロブ・ドクテルス・ファン・リューウィンによって製作された。ロブが著者であり、オンノが画家である。このデッキの新たな構造に関しては416ページの書物で解説されている。この著者の考えでは大アルカナはもともと24枚あり、時の経過とともに2枚が失われてしまったのだという。著者は失われた札を発見しており、それがジュノーとジュピターであるという。これらは宗教的な理由で、たとえばブザンソン版のように教皇と女教皇のかわりとして使用されている。著者の考えでは、状況は実はまったく逆なのであって、もともとの札がジュノーとジュピターであり、カトリック教会側がタロットに宗教を持ちこむべくそれらを女教皇と教皇に差し替えたのだという（！）。ゆえに著者はエクストラカードとしてジュノーとジュピターを再びタロットに引き入れ、カードタイトルも「直観」と「真理」に変更している。そうすることで神聖なる双極性すなわち神の男性面と女性面を表現するのである。薄氷を滑るような理論であるが、デッキそのものはウェイト＝スミスに基づいている。

レナート・アンラスのタロット・ア・ラ・カルト

ドイツのタロット関係者レナート・アンラスはウェイト＝スミス・タロットにおいては女性の登場が足りないという不満を抱いていた。そこで各スートのナイトとペイジとバランスをとるためにフラウとメイドという2枚の女性札を追加してデッキを向上させようと決心した。2000年にドイツのケーニヒスフルトから出版。208ページに及ぶフェミニスト系解説書が同梱されている。

アダム・フロンテラス・タロット

このデッキのフルタイトルは「ザ・タロット―現代世界のための再解

釈された伝統的タロット」である。発案は英国占星心霊協会の議長であるアダム・フロンテラスであり、1996年に英国のカールトン・ブックスが出版、アメリカでの販売はスチュアート・タボリ・アンド・チャンの担当であった。イラストはシンプルなもので、ウェイト＝スミスから背景を消して基本部分を強調していた。細部にあれこれ悩まなくていいのである。たとえば、雲などは現代のタロットリーダーには複雑すぎる、ということであろうか？　デッキはモカ色の厚紙に印刷されており、色彩は元来のウェイト＝スミスよりも暗い。描かれた人物像の大多数は死体のように青ざめている。ベースとなった線画を描いたのがパメラ・コールマン・スミスであるという事実は外箱のどこにも記されていないが、パメラのモノグラムは一部のカードに残されている。部分的に欠けているモノグラムもある。全体的に見て、カードのトリミングに余裕がないため、図像の一部まで切り込んでしまっているものもある。デッキと本を収めるフォルダーはこれまで筆者が目にしたもののなかで一番いいかげんで実用性に欠ける代物である。同梱書はカラー図版入りだが、テキスト部分がひどい。

ダイヤモンド・タロット

画家のマリア・ルイス・バーゴインとクラウス・ホーリッツカの主張によれば、このデッキはパメラ・コールマン・スミスを礼賛するために製作されたという。外箱のどこにもパメラの名前が記されていないのであるから、この主張を信じるのは困難であろう。筆者に言わせてもらうなら、これはパメラ・コールマン・スミスからおいしいところをいただこうとコンピューターでやっつけ仕事をした結果ではないのか。図像の周囲にある醜悪なフレームと歪んだ色彩はホーリッツカ氏の仕事である。このフレーム自体になんらかの象徴体系が内包されているのではと考えたくもなるが、36ページに及ぶ小冊子にはその種のことは記されていない。スイスのAGミュラーの1997年の製品。

アメリゴ・フォルチのミレニアム・タロット

このデッキはイタリアの有名タロット作家であるアメリゴ・フォルチのデザインによるもので、パメラ・コールマン・スミスの影響は明白である。出版は1999年、ドイツの出版社ASS(Altenburg/Stralsunder Spielkarten-fablik)が担当している。出版社側はこのタロットのアイデア的源泉がどこから来たのか、また画家がだれなのか、そのあたりに言及する価値はないと考えたのであろう。フォルチの名前も外箱に明記されておらず、付録の折りたたみ式16ページのシートにも記載がない。カード上のスタイルと署名によってフォルチの作とわかるのである。デッキの外見もまた曖昧である。どうもクリスマスの頃に出版社の得意客、書店や玩具店にばらまかれた観があり、通常のタロット販売業態ではないようである。タロット界がこのデッキの存在に気付くまでずいぶんと時間がかかっていて、その頃にはデッキそのものが絶版となっていた。

タロット・スートラ

パメラ・コールマン・スミスの絵とウェイトのコンセプトを流用する方法はほぼ無限のようである。それは「タロット・タントラ」と称されるデッキセットからも明らかであろう。サブタイトルにいわく「タロットを通してセックスを探究する懇切丁寧な案内本」とのこと。この製品の発案者はパトリシア・カノーヴァであり、128ページの同梱書の著者でもある。パメラ・コールマン・スミスのイラストは画像担当のメアリー・タイグリーンのコンピューター処理によってひどいことになっている。各カードにセックス関連のテキストが付加されており、デッキ全体がパーティーの際の余興用のセックス指南書といった趣である。たとえば「太陽」に付加されたテキストにいわく「あなたは肉体的快楽と地上の喜びを味わうために生まれてきた」とのこと。スミスもウェイトも一切言及されていないが、かれらとしてもそのほうが嬉しかったであろう。この製品で一つくらい褒めるならば、大型の外箱のデザインはこれまで販売されてきたもののなかで最上の部類である。アメリカ、ドーフリング・キンダースリー・プロダクション、2000年。

グミベア・タロット

すべてのタロットを真面目に受け取る必要はないのである。ディトマー・ビットリヒのグミベア・タロットはウェイト＝スミスの愉快なパロディー・デッキである。作画はアネック・ラルスマイヤーとサーシャ・テスマンで、タロット創作者の多くに見られるあまりに内省的な姿勢に対する一つの回答といえるであろう。デッキに登場する人物はすべてカラフルな「グミベア」に置き換えられている（127ページ参照）。出版元はドイツのゴールドマン・フェルラグであり、2004年の時点で4万部を売り上げたと主張している。この規模で売れる「真剣」なデッキがどれほどあるというのか。95ページに及ぶ小冊子（ドイツ語）もカードと同様に面白い。

イ・タロッキ・デラ・ジンガラ（ジプシー・タロット）

イタリアのタロット出版元ロ・スカラベオ社は当然ながらウェイト＝スミスの派生デッキを出版している。イ・タロッキ・デラ・ジンガラは22枚の大アルカナの描き直し版である。作画担当はロベルト・デ・アンゲリス。デッキに日付はないが、1990年代前半であろう。カードは通常サイズより大きく（80 × 140㎜）、キーワードを記した2枚のエクストラカードが含まれている。同じイラストがウェイト＝デ・アンゲリス（下記参照）でも用いられており、さらに同社のコンパラティヴ・タロットにも使われている。

ウェイト＝デ・アンゲリス

その後（1996年）、上記のロ・スカラベオ社はピエトロ・アリゴの発案によりロベルト・デ・アンゲリスのイラストでウェイト＝スミスの78枚フルリメイクを製作している。大アルカナはイ・タロッキ・デラ・ジンガラと同種のものだったが、カードサイズは通常版のそれとなった（60 × 115㎜）。ジョルダーニ・ベルティが書いたテキストカードが9枚ついている。パメラ・コールマン・スミスのデザインが比較的忠実に再

ロベルト・デ・アンゲリスによる「ユニヴァーサル・タロット・ミニチュア・カード」(ロ・スカラベオ社、2003)
左●外箱(世界)　中央●棒の小姓　右●ペンタクルの9

現されているが、男性キャラクターの人相がかなり悪くなった一方、女性キャラクターは美しくなっている。パメラの悪意のない中立的なアール・ヌーボー様式からずいぶんとかけはなれてしまった。

タロット・オブ・ザ・ニュー・ヴィジョン

ここにまったく新しい視点から眺めるウェイト＝スミスの変種が登場したといっても過言ではない。なにせ真後ろから眺めているからである。イラストレーターが登場人物たちの背後に回り込み、前面からは見えないものや登場人物たちが見ているものを描いている。たとえば「吊られた男」や「魔術師」の場合は集まった見物人が描かれ、懐妊した女帝の玉座の背後では子供たちが楽しそうに遊んでいる。人気のない風景にぽつんとたたずんでいるような人物でも、実はお仲間がいたりするのである。たとえば「隠者」の背後には蛇がいて、まさに襲われる寸前である。「棒の騎士」がピラミッドとヒトコブラクダがいる風景に収まっているなど、見てみないとわからないのである。それまで無人であった風景にあれこれディテールが加わることで、われわれの連想が刺激される。すべてのカードがそれほど示唆に富んでいるわけではないし、もとの画像が横向

「タロット・オブ・ザ・ニューヴィジョン」
左●魔術師　右●棒の騎士

きの人物を描いている場合は単なる鏡写しで終わっているものもある。

このデッキの発案者はピエトロ・アリゴであり、作画はラウル・チェスタロとジャンルカ・チェスタロの双子アーチストである。2003年、ロ・スカラベオ社から出版。

コンパラティヴ・タロット

ロ・スカラベオはコンパラティヴ・タロットにおいてさらに異なるアプローチ法を提供している。1枚のカードに4種のミニカードが印刷されるという仕様なのだ。ロ・スカラベオはこのデッキを「より深い研究」のために作られたとしている。採用された4種類のデッキはロ・スカラベオの「ウェイト＝デ・アンゲリス（上記参照）」、「マルセイユ・タロット（マルトー版）」、ロ・スカラベオのエジプト風デッキ「ネフェルタリ」、そして「タロット・オヴ・ジ・オリジンズ（ロ・スカラベオ社発行、当初は大アルカナのみ、のちに78枚フルデッキ）」である。付属の小冊子は多言語版で、テキストはアメリカのタロット研究家ヴァレリー・シムスが担当している。このデッキのコンセプトは十分に独創的であり、書物として各カードの横に解説が入る形であれば有効だったであろう。しかしカード1枚のなかに4画面が入るとなると、それぞれが小さすぎて比較が難しいのである。比較というコンセプトなのに新作のタロット・オヴ・ジ・オリジンが選ばれている点も腑に落ちない。クロウリー／ハリスのトート・タロットあたりの古典デッキのほうがより適切だったと思われる。

グロー・イン・ザ・ダーク・タロットと点字タロット

蛍光塗料を使った大アルカナのみの特製デッキがＵ．Ｓ．ゲームズ社から出たグロー・イン・ザ・ダーク・タロット（1999）である。音声テープ付きでタイトルを点字で記した版も同社から出版されている（発行年未記載）。パメラ・コールマン・スミスの画像を再利用して販売する新たな方法であろう。

クイック・アンド・イージー・タロット

U.S.ゲームズ社によるハンソン・ロバーツのしゃきっとしないカラリングの再利用。カードの上下に意味を印刷している。1999年。

アファーメイション・タロット／エピキュリアン・タロット

パメラ・コールマン・スミスのタロット図像はさまざまな使用法にさらされてきたが、2001年に新たなトレンドが登場した。最初の例はアファーメイション・タロット（正式名称は「積極的成長と変身のためのタロット・アファーメイションズ」）である。それに続くのがエピキュリアン・タロットという趣向で、両者とも出版はU.S.ゲームズ社、カードサイズは通常よりも25%ほど大きく、使用されている画像はハンソン・ロバーツのカラリング版である。どうもハンソン・ロバーツはU.S.ゲームズ社に可愛がられているようである！ カードの背景部分は別の目的に使用されている。アファーメイション・タロットでは、各カードにサリー・ヒルの「アファーメイション」が印刷されていて、自分に自信が持てない人を励ます文言が並んでいる。コリーン・ケナーのデザインによるエピキュリアン・タロットの場合、各カードに料理のレシピが記載されていて、デッキがそのままクックブックとなるのである。もちろんアファーメイションの文言や料理品目は、各カードの画像の雰囲気に合わせて選択されている。

ラディアント・ライダー=ウェイト・タロット

2003年、U.S.ゲームズ社はふたたびパメラ・コールマン・スミスの図像をコンピューター処理し、いわゆるラディアント・ライダー=ウェイト・タロットを世に送り出した。驚くべきことに、外箱の情報ではこのデッキはイタリアで印刷されたという。あるいは、外箱だけがイタリアで印刷されたのか？　はっきりしたところは不明である。このデッキはヴァージニヤス・ポシュクスなる人物の手によるリカラリングとされている。ポシュクス氏はＵ．Ｓ．ゲームズ社専属のアーチストらしく、同社が出すプレイングカードの多くに名前が出ているが、他所では一切見ないのである。筆者はカプラン氏にポシュクス氏の正体を質問してみたが、回答は得られなかった。いずれにせよこのデッキはパメラ・コールマン・スミスの絵の色を塗り直しただけでなく、描き直しもしているため、オリジナルの描線は完全に消えてしまっている。どこがラディアント（光り輝く）なのか、筆者には見当もつかない。

ゴールデン・タロット

ゴールデン・タロットはパメラ・コールマン・スミスの図像を使って中世風のタロットを作ろうという複雑な試みの結果、それなりの名声を得たウェイト＝スミスのヴァリエーションといえる。2003年、Ｕ．Ｓ．ゲームズ社より刊行。オーストラリア出身のカット・ブラックはコンピューターの軽業師と称してもよい人物で、中世後期からルネッサンスにかけての絵画を素材にコラージュ法で78枚のデッキを慎重に作り上げたのである。一枚あたりのレイヤー数は20層に及んだという。カット・ブラックは他のウェイト＝スミスの模倣者たちとは真逆の方向に突進したといえる。かのデッキを「モダン」にするのではなく、古い絵画の断片を集めて中世後期からルネッサンスの環境に配置することで、パメラ・コールマン・スミスの人物たちと状況を再現してみせたのである。この時代設定も秀逸であろう。

「ゴールデン・タロット」太陽

まさにその時期に最初期のタロットが作られているのである。ゴールデン・タロットは上質の頑丈な箱に収納されており、この点もU．S．ゲームズ社の他の厚紙外箱とは一線を画している。

本質的にはゴールデン・タロットは別の装いをしたウェイト＝スミス・タロットの一つにすぎない。ただし今回はルネッサンスの衣装をまとっているのである。

付録1

ウェイト＝スミス・タロット全78図版

（大アルカナ・小アルカナ）

The Waite-Smith Tarot

アーサー・エドワード・ウェイト『タロット図解』
（ウィリアム・ライダー社、ロンドン、1911）より、
パメラ・コールマン・スミスの
白黒タロット線描画全78点

「ウェイト＝スミス・タロット」
（1909）
アーサー・エドワード・ウェイト［著］
パメラ・コールマン・スミス［画］

大アルカナ
（22枚）

0 愚者

Ⅰ 魔術師

Ⅱ 高等女司祭	Ⅲ 女帝
Ⅳ 皇帝	Ⅴ 神官

Ⅵ 恋人たち　Ⅶ 戦車
Ⅷ 剛毅　Ⅸ 隠者

X 運命の輪	XI 正義
XII 吊られた男	XIII 死

XIV 節制	XV 悪魔
XVI 塔	XVII 星

XVIII 月 ｜ XIX 太陽

XX 審判 ｜ XXI 世界

棒の王	杯の王
剣の王	ペンタクルの王

棒の女王 | 杯の女王

剣の女王 | ペンタクルの女王

棒の騎士	杯の騎士
剣の騎士	ペンタクルの騎士

棒の小姓	杯の小姓
剣の小姓	ペンタクルの小姓

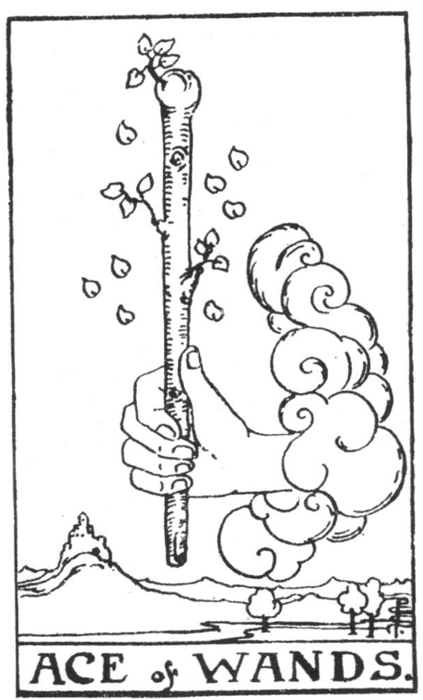

棒のエース	杯のエース
剣のエース	ペンタクルのエース

棒の２	杯の２
剣の２	ペンタクルの２

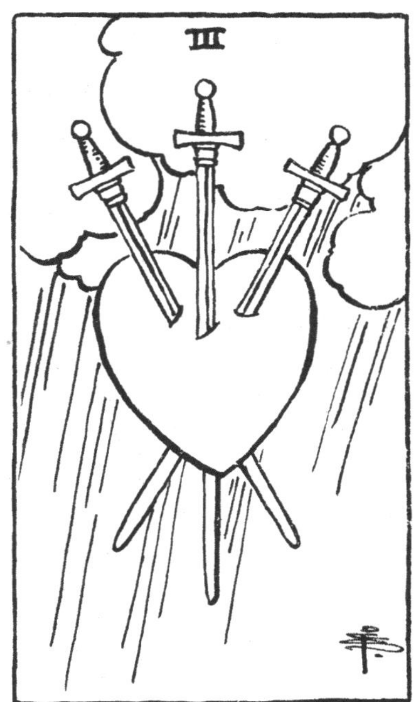

棒の3	杯の3
剣の3	ペンタクルの3

棒の4	杯の4
剣の4	ペンタクルの4

棒の5	杯の5
剣の5	ペンタクルの5

棒の6	杯の6
剣の6	ペンタクルの6

棒の7 | 杯の7

剣の7 | ペンタクルの7

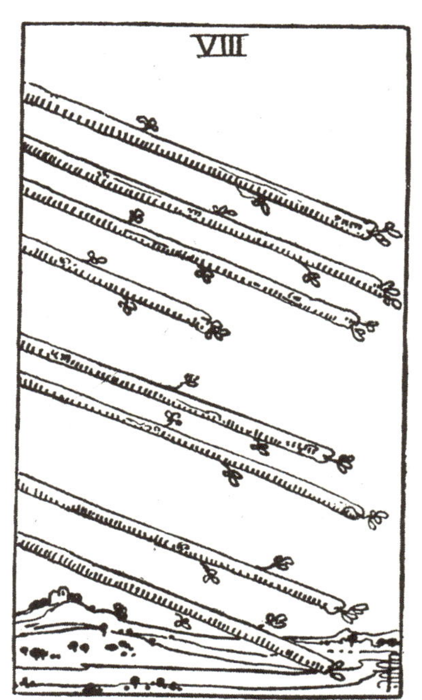

棒の8	杯の8
剣の8	ペンタクルの8

棒の9	杯の9
剣の9	ペンタクルの9

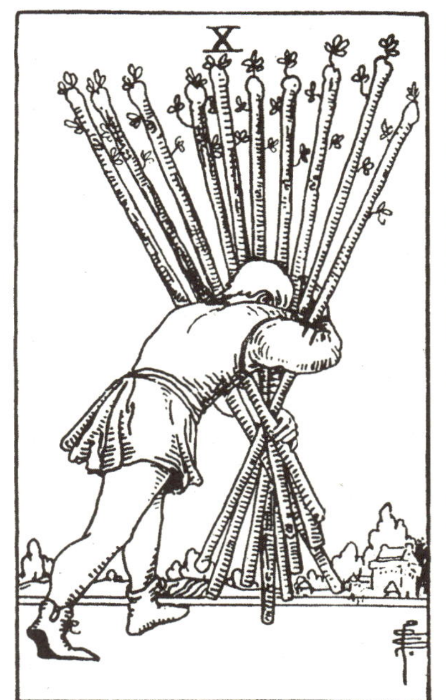

棒の10	杯の10
剣の10	ペンタクルの10

付録2

✶

文献一覧

List of literature

・Behman, Patricia
The Golden Dawn Method of Tarot Divination
USA. Llewellyn, in Gnostica. Illustrated.
ビーマンが一連の記事で複雑なGDタロット占術を解説。

・Ben Joseph, Rabbi Akiba
The Book of Formation
Translation by Kurt Stenring.
No date. Reprinted by John Ballantrae, Ontario, Canada. 50pp.
『形成の書(セフェル・イェツィラー)』。

・Beta, Caliph Hymenaeus (pseud.)
A Brief History of the Thoth Tarot
USA 1988. O.T.O. International. Illustrated.
In The Magical Link, no.2-3. 1988.
フリーダ・ハリスとクロウリーの共同作業を扱った記事。ハリスからクロウリーに宛てた書簡や初期クロウリー=ハリス・タロットの草案を掲載。

・Bloxsom, Daniel
Book of Formation Cards (Sepher Yetzirah)
USA 1953/1971. Edition Work of the Chariot. 75pp. Illustrated.
この自費出版の『セフェル・イェツィラー』にはカバラ伝統とタロットを混合したカラーコピー製の三角形のカードがついている。カードにウェイト=スミス・タロットが登場。

・Case, Paul Foster
The Tarot. A Key to the Wisdom of the Ages
Virginia, Richmond, USA 1947. Macoy. 215pp. Illustrated.
タロットに対するケースの宗教的アプローチは特に合衆国内に多数の信奉者を擁している。この著作はそういった人々にとっては聖典である。

・Case, Paul Foster
Highlights of the Tarot
USA 1970. Builders of the Adytum. 64pp.
B.O.T.A. タロットシステムの簡略な入門書。

・Case, Paul Foster
The Book of Tokens - Tarot Meditation
USA 1972. Builders of the Adytum. 200pp. Illustrated.

・Case, Paul Foster
The Book of Tokens - Tarot Meditation
USA 1989. Builders of the Adytum. 200pp. Illustrated.
14版にして初めてB.O.T.A.タロットのカラー図版を収録。

・Case, Paul Foster
The Tarot - A Key to the Wisdom of the Ages
USA 1990. Builders of the Adytum. 223pp. Illustrated.
ジェシー・バーンズ・パークによるウェイト=スミス・タロットのリメイクのカラー図版が初めて掲載されたエディション。

・Christian, Paul
The History and Practice of Magic
USA 1972. Citadel Press. 619pp. Illustrated.
魔術に関する古典。有名というか悪名高いタロットイメージ満載のエジプト儀式の部屋を紹介。

・Cicero, Chic & Sandra Tabatha
The New Golden Dawn Ritual Tarot
USA 1991. Llewellyn. 235pp. Illustrated.
同名のタロットのコンパニオンブック。黄金の夜明けタロットに関する詳細な記述あり。

・Cicero, Chic & Sandra Tabatha (editors)
The Golden Dawn Journal Book I : Divination
USA 1994. Llewellyn. 286pp. Illustrated.
黄金の夜明け団の多様な占術法に関する記事のコレクション。

・Cicero, Chic & Sandra Tabatha (editors)
The Golden Dawn Journal Book II : Qabalah: Theory and Magic
USA 1994. Llewellyn. 425pp. Illustrated.
黄金の夜明け関連の記事を集めた第2巻。

・Cicero, Chic & Sandra Tabatha (editors)
The Golden Dawn Journal Book III : The Art of Hermes
USA 1995. Llewellyn. 298pp. Illustrated.
素晴らしいシリーズの第3巻。

・Cicero, Chic & Sandra Tabatha
Self-Initiation in the Golden Dawn Tradition
USA 1995. Llewellyn. 742pp. Illustrated.
組織に属することなく黄金の夜明け団の魔術を修行するための包括的な自己学習本。自己学習をより身近にした代表的作品。

・Crowley, Aleister
Tarot Divination (reprinted from Equinox)
USA 1976. Samuel Weiser. No pagination.
クロウリーのタロット占術論。

・Crowley, Aleister
The Book of Thoth
USA 1973. Samuel Weiser. 285pp. Illustrated.
トート・タロットのカラー印刷ページがある版。
(邦訳)アレイスター・クロウリー(榊原宗秀訳)『トートの書』国書刊行会、2004年

・Crowley, Aleister
Magick without Tears
Minnesota, USA 1973. Llewellyn. 522pp.
Edited by Israel Regardie.
読みやすいクロウリーのエッセイ集。

・Crowley, Aleister
777 and other Qabalistic Writings.
New York, 1977. Samuel Weiser. No pagination.
カバラと森羅万象、タロット、宝石、色彩、草花、香料などあらゆるものとの照応に関するクロウリーの傑作。
(邦訳)アレイスター・クロウリー(江口之隆訳)『新装版777の書』国書刊行会、2013年

・Crowley, Aleister
The Book of the Law
USA 1989. Samuel Weiser. 50+21pp.
ロンドンにて1938年に出版された版の復刻版。クロウリーの手書き原稿の複製リプリントを含む。
(邦訳)アレイスター・クロウリー(島弘之、植松靖夫訳、江口之隆、亀井勝行解説)『法の書』国書刊行会、1984年

・Decker, Ronald, Thierry Depaulis & Michael Dummett
A Wicked Pack of Cards
England 1996. Duckworth. 308pp. Illustrated.
フランスのオカルトタロットの発祥から1870年頃までの真実の歴史。三人の専門家による学術的研究。

・Decker, Ronald & Michael Dummett
A History of the Occult Tarot 1870-1970
England 2002. Duckworth. 379pp. Illustrated.
『オカルト・タロットの歴史』。デッカーとダメットによるA Wicked Pack of Cards の続編。学術的であり、語り口も期待通り。残念なことに図版が少ない。

・Depaulis, Thierry
Tarot, Jeu et Magie
Paris, France 1984. Bibliothéque Nationale 152pp. Illustrated.
展覧会のカタログ。

・Dummett, Michael
The Game of Tarot
England 1980. Duckworth 600pp. Illustrated.
タロット遊戯に関する最も浩瀚なる書物。
Deckerの項も参照せよ。

・Frater U. D. (Ralph Tegtmeier)
Practical Sigil Magic (on Osman Spare's magical system)
USA 1990. Llewellyn. 134pp. Illustrated.
秀逸なるドイツ語本の英訳。

・Gascoigne, Bamber
How to Identify Prints
England 1988. Thames & Hudson, 204pp. Illustrated.
印刷技術を詳細に解説する。

・Geblin, Court de -
Le Tarot, présenté et commenté par Jean - Marie Lhôte.
Paris, France 1983. Berg International. 196pp. Illustrated.
フランス人作家によるクール・ド・ジェブランのタロット関連記述の研究。ド・メレの記事も含まれる。原典の複製版も含まれる。

・Gilbert, R. A.
A.E. Waite. A Bibliography
England 1983. The Aquarian Press. 192pp. Illustrated.
『ウェイト文献集成』。ウェイトの専門家が編纂した必携書。

・Gilbert, R. A.
The Golden Dawn. Twilight of the Magicians.
England 1983. The Aquarian Press. 144pp. Illustrated.
黄金の夜明け団の複雑な歴史にさらなる光をあてる書。

・Gilbert, R. A.
The Golden Dawn Companion. A Guide to the History, Structure and Workings of The Hermetic Order of the Golden Dawn.
England 1986. The Aquarian Press. 212pp. Illustrated.

・Gilbert, R. A.
A.E. Waite. Magician of many parts.
England 1987. Crucible/Thorsons. 208pp. Illustrated.
『A・E・ウェイト—多彩なる魔術師』。ウェイトと黄金の夜明け関連に興味のある人間にとっては必読書。

・Gilbert, R. A.
The Golden Dawn Scrapbook, The Rise and Fall of a Magical Order.
USA 1997. Samuel Weiser. 199pp. Illustrated.
希少文書多数掲載。黄金の夜明け団と著名団員。最初から最後までをカバー。

・Gilbert, R. A. & Allan Armstrong
Golden Dawn - The Proceedings of the Golden Dawn Conference.
London 1998. Privately published by R. A. Gilbert. 256pp.
コンフェレンスにて発表された作家や研究者による論文集。

・Giles, Cynthia
The Tarot. History, Mystery and Love.
New York, USA. 1992. Paragon House. 238pp. Illustrated.
タロットに関する秀逸なる書物。

・Giles, Cynthia
The Tarot. Methods, Mastery, and More.
USA 1996. Simon & Shuster/Fireside Book. 228pp. Illustrated.
前掲書の続編なれど出来はいま一つ。さまざまな状況でタロットを用いる方法を論じる。

・Glowka, Hans-Jurgen
Deutsche Occultgrouppen 1875-1937
Munchen, Germany 1981. Arbeitsgemeinschaft fur Religions und Weltanschaungsfragen.
Hiram edition no.12. 127pp
第二次大戦までのドイツのオカルト集団を扱う。しかしゴルデン・モルゲンロートへの言及はない。

・Graf, Eckhard
Mythos Tarot - Historische Fakten
Germany 1989. Param Verlag. 192pp. Illustrated.
グラフの書物は中身のないタロット本の洪水のなかにあって一筋の光である。タロットの歴史を論じ、あまり知られていない事実を語る。

・Grant, Kenneth
Images and Oracles of Austin Osman Spare
London, 1975. Frederic Muller. Illustrated.
スペアとその奇妙な哲学に関するグラントの希少作。

・Grand Orient (A. E. Waite)
A Handbook of Cartomancy, Fortune Telling and Occult Divination.
London 1891. George Redway. 114pp. Illustrated.
『カード占いの手帳』。

・Grand Orient (A. E. Waite)
A Mannual of Cartomancy, Fortune Telling and Occult Divination.
Health Research, USA 1969.
『カード占いの手引書』。ウェイトの占い本の1912年版。タロットに関する章が加わる。

・Gray, Eden
The Tarot Revealed - A Modern Guide to Reading

the Tarot Cards.
USA 1960. Bell Publishing Co. N.Y. 120pp. Illustrated with the Waite/Smith deck.
アメリカで出版されたタロットに関する初期の古典的著作。
(邦訳)イーデン・グレイ(幸月シモン監修、星みわーる訳)『啓示タロット』郁朋社、2002年

・Gray, Eden
A Complete Guide to the Tarot
New York 1970. Crown Publishers. 160pp. Illustrated.
イーデン・グレイは1970年代の合衆国におけるタロットの大衆化に大いに貢献している。
(邦訳)イーデン・グレイ(幸月シモン監修、星みわーる訳)『皆伝タロット』郁朋社、2005年

・Gray, Eden
Mastering the tarot
New York, USA 1973. Signet Books. 220pp. Illustrated.
イーデン・グレイの3冊目のタロット本。前2作と大差なし。
(邦訳)イーデン・グレイ(幸月シモン監修、星みわーる訳)『自在タロット』郁朋社、2007年

・Greer, Mary K.
"An Audio Exploration of Tarot. A visualized journey through the major and minor arcana"
Los Angeles, USA 1988. Audio Renaissance Tapes.
『音によるタロット探究』。著者の指導入りの音声テープ。白黒線画のウェイト=スミス・タロットを同梱する。

・Greer, Mary K.
Women of the Golden Dawn. Rebels and Priestesses.
USA 1995. Park Street Press. 490pp. Illustrated.
グリーアによる黄金の夜明け団に関する包括的著作。四人の重要な団員の動向に焦点を当てる。パメラ・コールマン・スミスはそのなかに含まれていない。

・Greer, Mary K. & Darcy Kuntz
The Chronology of the Golden Dawn.
Being a Chronological History of a Magical Order.
USA 1999. Holmes Publishing Group. 51pp.
1378年から1994年までの黄金の夜明け関連イベント一覧。

・Harper, George Mills
A Critical Edition of Yeats's A Vision
England 1978. The McMillan Press.
I-XLIX + 256 + 103pp.
ハーパーによるイエイツの詩の分析。

・Harper, George Mills & Walter K. Hood
Yeats's Golden Dawn
England 1974. The McMillian Press. 322pp.
イエイツの黄金の夜明け団関連及び団から得た霊感の研究。

・Hulse, David Allen
The Key of it All. Book Two: The Western Mysteries.
USA 1994. Llewellyn. 577pp. Illustrated.
ハルスの百科事典的ガイド本の第2巻。この巻は西洋伝統を扱っていて、タロット、ルーン、エノク文字も含まれる。タロットに関する記述は広範囲に及び、さまざまな点を指摘するが、必ずしも納得できるものばかりではない。

・Jensen, K. Frank
Manteia - a magazine of the Mantic Arts
Roskilde, Denmark. A magazine published 1993-2000.
Articles in Manteia #11 and in Manteia Courier 2000.
本書の予備研究。不正確な結論があり、いまでは時代遅れ。

・Kaplan, Stuart R.
An Arcane Look at US Games Systems Inc.
Chicago, USA 2002. International Tarot Society, World Tarot Congress 2001 (2002).
スチュアート・R・カプランの講演の音声テープ。

・Kaplan, Stuart R.
Encyclopedia of Tarot, vol. I - III.
USA 1978, 1986, 1990. U.S. Games Systems Inc. 387, 552, 694pp Illustrated.
『タロット百科事典』。第2巻は古典的タロット、歴

史的重要作を扱う。第3巻は現代デッキを扱い、またパメラ・コールマン・スミスに関する長文のエッセイを収録している。

・Kaplan, Stuart R. (publisher)
The Best of Cards Catalogue : The Stuart R. Kaplan Collection.
USA 1974 + 2000. U.S. Games Systems Inc. Illustrated.
U. S. ゲームズ社が出版したタロットと占いカードの一連のカタログ。

・King, Francis
Ritual Magic in England 1887 to the Present Day
London 1970. Neville Spearman. 224pp. Illustrated.
英国における魔術の歴史。主に黄金の夜明け団とその分派の歴史。

・Kuntz, Darcy
The Golden Dawn Source Works; A Bibliography.
USA 1996. Holmes Publishing Group. 46pp.
黄金の夜明け団の文献一覧。『黄金の夜明け研究』シリーズの第4巻。

・Kuntz, Darcy (editor)
The Golden Dawn Source Book
USA 1996. The Holmes Publishing Group, 223pp.
『黄金の夜明け研究』シリーズの第2巻。団関係の記事、団員の書簡等を収録。団員の氏名と魔法名のクロスインデックスも収録。

・Kuntz, Darcy (editor)
The Complete Golden Dawn Cipher Manuscript.
USA 1996. Holmes Publishing Group. 89pp.
あの有名な暗号文書の複写と解読を収録。

・Laurence, L. W. de
The Illustrated Key to the Tarot - The Veil of Divination.
USA 1918. The Laurence Company, Chicago. 176pp. Illustrated.
『タロット絵解き』。ド・ローレンスはウェイトの『タロット図解』をコールマン・スミスの挿絵も込みで丸写しし、原作者の名前も挿絵画家の名前も出さずに自分名義で出版。

・Levi,Eliphas
(edited by W.Wynn Westcott)
The Magical Ritual of the Sanctum Regnum.
interpreted by the Tarot Trumps.
London 1970. Crispin Press. 108pp.

・Levi, Eliphas
The History of Magic
London, England 1971. Rider. 384pp. Illustrated.
西洋的精神に魔術を紹介した作品。
(邦訳)エリファス・レヴィ(鈴木啓司訳)『魔術の歴史―附・その方法と儀式と秘奥の明快にして簡潔な説明』人文書院、1998年

・Levi, Eliphas
Letters to a Disciple
England 1980. Aquarian Press. 128pp. Illustrated.
近代魔術の創始者から弟子に宛てた書簡集。

・Levi, Eliphas
Transcendental Magic
London, England 1972. Rider. 438pp. Illustrated.
レヴィの魔術系主要作品の一つ。
(邦訳)エリファス・レヴィ(生田耕作訳)『高等魔術の教理と祭儀 祭儀篇』1982年、同『教理篇』1992年、いずれも人文書院

・Mathers, S. L. MacGregor
The Tarot. Its Occult Signification, Use in Fortune-Telling, and method of Play, Etc.
London 1909. Kegan, Paul, Trench and Trubner & Co., Ltd. 62pp.
『タロット、そのオカルト的意味、占い術、遊び方』。マサースの初期タロット文献。

・McIntosh, Christopher
Eliphas Levi and the French Occult Revival.
London, 1975. Rider. 238pp. Illustrated.
19世紀フランスのオカルト史。

・McLean, Adam
A Compendium on the Rosicrusian Vault.
Edinburgh, Scotland 1985.
Hermetic Research Series. 130pp. Illustrated.
クリスチャン・ローゼンクロイツの研究書。

・Moakley, Gertrude
The Waite Smith Tarot - A Footnote to The Waste Land.
USA 1954 (in Bulletin of The New York Public Library, pp471-475).
エリオットの詩とタロットの関係を論じたモークリーの論文。

・Moore, Daphne
The Rabbi's Tarot. An Illumination from the Kundarini to the Pineal to the Piturary.
USA 1987. Hughes Henshaw. 386pp. Illustrated.
興味深い作品なれど敷居高し。

・O'Neill, Robert V.
Tarot Symbolism
Ohio, USA 1986. Fairway Press. 392pp. Illustrated.
オニールはユング派の出身であり、この強力なタロットとその起源の研究はこれまで登場したもののなかで最良のものの一つ(後年、Association for Tarot Studiesより再版)。

・Papus (Gerard Encausse)
The Tarot of the Bohemians.
London 1910. William Rider. 355pp. Illustrated.
『ボヘミアンのタロット』。この古典的作品の英訳第2版。A・E・ウェイトの序文つき。

・Papus (Gerard Encausse)
Le Tarot divinatoire. Clef du Tirage des Cartes et des Sorts. Avec la reconstitution complète des 78 lames du Tarot Egyptien.
Paris, France 1965. Editions Dangles. 188+79pp. Illustrated.
パピュスの古典的作品。エジプシャン・タロットつき。

・Parisious, Roger
Figures in a Dance: W. B. Yeats and the Waite-Rider Tarot.
England 1987. The Hermetic Journal.
ヘルメティック・ジャーナル主宰の黄金の夜明けコンフェレンスにて録音された講演。

・Parsons, Melinda Boyd
The Rediscovery of Pamela Colman Smith
USA 1975. University of Delaware. 122pp. Illustrated.
「パメラ・コールマン・スミスの再発見」。著者の修士論文。ウェイト=スミス・タロットの画家に関する有益な情報源。

・Parsons, Melinda Boyd
To All Believers...The Art of Pamela Colman Smith
USA 1975. Delaware Art Museum.
No pagination. Illustrated. Landscape format.
『すべての信ずる者たちへ』。パメラ・コールマン・スミス展覧会のカタログ。

・Parsons, Melinda Boyd
Agitating Spirits - Tarot and Women's Suffrage.
USA 1998. Unpublished manuscript. 53pp.
メリンダ・パーソンズが出版を予定しているパメラ・コールマン・スミス研究書の第9章。

・Raine, Kathleen
Yeats, The Tarot and the Golden Dawn
Eire 1976. Dolmen Press. 78pp. Illustrated.
イエイツと黄金の夜明け団の関係。黄金の夜明け団員が描いた希少なタロットカード。

・Regardie, Israel
The Golden Dawn
USA 1971. Llewellyn. 227+300+276+368pp. Illustrated.
リガルディーが出版した4巻本『黄金の夜明け魔術全書』の1巻版。

・Robertson, Sandy
The Aleister Crowley Scrapbook
England 1988. W. Foulsham. 128pp. Illustrated.
クロウリー関連の資料本。多数の希少な写真等。

・Sadhu, Mouni
The Tarot - A Contemporary Course of the Quintessence of Hermetic Occultism.
London 1970. George Allen & Unwin. 494pp. Illustrated.
カバラ系タロットを扱う大冊。

・Shephard, John
The Tarot Trumps. Cosmos in Miniature. The Structure and Symbolism of the Twenty-two Tarot

Trump Cards.
England 1985. Aquarian Press. 133pp. Illustrated.
タロットの歴史と新プラトン主義との関連。

・Smith, Pamela Colman
Widdicombe Fair
New York and London 1899. Doubleday and McClure.
『ウィディコム・フェア』。500部限定ナンバー入り。画家による手描きのオリジナルイラストつき。ウェイト=スミス・タロットの画家による13枚のイラストのポートフォリオ。物語はデボンシャーの民謡に基づいている。機械印刷とステンシル・カラリングを結合させた方法で印刷されている。

・Suster, Gerald
The Legacy of the Beast - The Life, Work and Influence of Aleister Crowley.
USA 1989. Samuel Weiser. 229pp. Illustrated.
クロウリーに対して共感的な批評。

・Trinick, John
The Fire-Tried Stone - An Enquiry into the Development of a Symbol.
England 1967. Wordens of Cornwall Ltd. 138pp. Illustrated.
この時期に記されたユングの Mysterium Conjunc tionisへのコメント集。

・Voley, Holly
Holly's Rider-Waite Tarot Page.
ウェイト=スミス・タロットに焦点を絞ったウェブサイト。定期的にアップデート。初期ウェイト=スミスと「リメイク」の詳細に関する不可欠な情報源。図版多数。このサイトからさらにパメラ・コールマン・スミスへのリンクあり。こちらのサイトはパメラの芸術を強調するもので、やはり図版多数。

・Waite, Arthur Edward
The Key to the Tarot
First edition, London 1910. William Rider & Son. 194pp.
『タロットの鍵』。初期ウェイト=スミス・タロット・デッキに付属する小サイズの本。

・Waite, Arthur Edward
The Pictorial Key to the Tarot.
London, England 1911. William Rider & Son Limited. 340pp. Illustrated.
『タロット図解』。この書物の初版。

・Waite, Arthur Edward
The Key to the Tarot. New edition
London 1920. William Rider & Son. 221pp.
この新版は『タロット図解』から新たな資料を付加して増補している。この後に出る版はどれもウェイトのテキストの省略部や再構成部をそのまま再現してしまっている。

・Waite, Arthur Edward
The Pictorial Key to the Tarot
London 1922. William Rider. 340pp. Illustrated.
ウェイトの作品の第2版。

・Waite, Arthur Edward
The Holy Grail. Its Legends and Symbolism
London 1933. Rider. 624pp.
『秘められた聖杯教会』。

・Waite, Arthur Edward
Shadows of Life and Thought. A Retrospective Review in the form of Memoirs.
London 1938. Selwynn & Blount. 288pp. Illustrated.
『走馬燈』。ウェイトの自叙伝。大仰な文体なれど、ウェイトの作品と活動に興味のある人間には不可欠の情報源。

・Waite, Arthur Edward
The Pictorial Key to the Tarot
New York 1959. University Books. 344pp. Illustrated.
ガートルード・モークリーの序文あり。ウェイト=スミス・タロット1909/1910版を再現したパメラ・コールマン・スミスのカラー画あり。

・Waite, Arthur Edward
The Pictorial Key to the Tarot - in full color
New York 1973. Causeway. 338pp. Illustrated.
ウェイトの古典の別の米国版。

・Waite, Arthur Edward
The Key to the Tarot
England 1977. Rider. 170pp.
ウェイトの『タロットの鍵』の新版。カードと同じサイズ。

・Waite, Arthur Edward
The Holy Kabbalah - A Study of the secret tradition in Israel.
USA reprint, no date(ca. 1980). University Books. 636pp

・Waite, Arthur Edward
The Brotherhood of the Rosy Cross
New York. University Books (no date, but 1980s). 648pp. Illustrated.
ウェイトの薔薇十字史の米国版リプリント。

・Waite, Arthur Edward
The Book of Black Magic and Ceremonial Magic
New York, USA 1972. Causeway. 338pp. Illustrated.
ウェイトの包括的魔術本。

・Waite, Arthur Edward
The Golden Dawn Tarot. The Great Dance of the Royal Figures.
USA 1996. Holmes Publishing Group. 48pp. Illustrated.
ダーシー・クンツによるロジャー・パリシャスの研究の紹介。詳細は前出のParisious, Figures in a Dance: W. B. Yeats and the Waite-Rider Tarotを見よ。この小著のメインコンテンツはウェイトの記事「タロット—運命の輪」(『オカルト・レヴュー』誌1909年12月号初出)である。残念なことに元記事にあった図版(番号が間違っている「太陽」を含む)が『タロット図解』のそれと差し替えられている。さらにウェイトの他の記事「秘密の言葉の書」「幸運へ至るより高い道」(『カード占いの手引書』より転載)、「タロットと薔薇十字」を収録。

・Westcott, W. W.
The Golden Dawn Court Cards as drawn by W. W. Westcott.
USA 1996. Holmes Publishing Group. 35pp. Illustrated.
黄金の夜明け研究シリーズ第5巻。コートカードの図版。

・Wirth, Oswald
Le Tarot des Imagiers du Moyen Age
Paris, France 1927. Emile Nourry. 337pp. illustrated.
フランス系タロット伝統とカード配列を採用する代表作。

・Yates, Frances
The Art of Memory
USA 1967. University of Chicago Press. 400pp. Illustrated.
イエイツによるルネッサンス記憶術の研究。タロットもその一つという可能性あり。
(邦訳)フランセス・A・イエイツ(玉泉八州男監訳、青木信義、井出新、篠崎実、野崎睦美訳)『記憶術』水声社、1993年

・Yeats, William Butler
A Vision
New York 1961. The Macmillan Co. 305pp. Illustrated.
イエイツの詩にはタロットに霊感を得たものあり。
(邦訳)ウィリアム・バトラー・イェーツ(鈴木弘訳)『ヴィジョン』北星堂書店、1978年

・Zalewski, Pat (Patrick)
Kabbalah of the Golden Dawn
USA 1993. Llewellyn. 223pp. Illustrated.
黄金の夜明け系暁の星で教えられていたカバラ関係文書を集めたもの。

付録3

ウェイト著『走馬燈』より、ウェイト＝スミス・タロットに関する記述の抜粋

A.E.Waite about the Waite-Smith tarot
in *Shadows of Life and Thought*,
London 1938. Unabridged.

その頃、非常に想像力に富み、かつ異常なまでに心霊的な画家が黄金の夜明け団に迷い込んできて、わたしが変更した儀式群を大いに気に入ったのである。彼女は儀式の裏にある意義に関してはわかったふりすらしなかったし、わかろうという努力も払わなかった。どうやら仲間うちに絵師がいるらしいと判明したので、適切な指示を与えれば美術界にもアピールでき、かつタロットという象徴の背後にある意義を若干なりとも示唆できるデッキを製作できるのではないかという話になったのである。そうすれば、これまで何世代にもわたってタロットを製作しても占いにしか用いなかった人々が夢にも思わなかったような別の構成をタロット象徴にまとわせることが可能となるかもしれない。わたしの職分は、より大いなるとある密儀に属し、かつ隠された形となっている大アルカナ中、特に重要なもののデザインをわたしが歩んでいた道に沿わせることにあった。当時の黄金の夜明けがタロットに対する深い理解を持ち合わせていたと言っているのではない。むしろわたしの指導下で、黄金の夜明けは徐々に理解を深めていたといえるだろう。タロットのシンボル群あるいはその一部はオカルティストたちの夢想をはるかに超えるヴィジョン領域の扉を開く鍵であり、ようやくかれらもそのことを認識するようになったのだ。ゆえにわたしはパメラ・コールマン・スミスがわたしや他の人間の精神が放つ心的イメージを偶然拾ったりしないよう注意する必要があった。「女司祭」、「愚者」、「吊られた男」といったカードに関しては、情報を丁寧にスプーンで与えるように与えたのである。「吊られた男」に関しては、あまり見たくないという理由で最後まで放置していた情報源を通して一つの着想が得られた。それは種子となってわたしの精神に埋め込まれ、その後に花開く運命となった。人の眼にはとらえられない場所に実る黄金のリンゴや他の果実に関しては別の場所で述べてきた。黄金の夜明けのような団体はそういった果実を食する宴には招待されないという点も付け加えておこう。カードに付属する印刷教本においては、わたしもいろいろと注意を払う必要があった。前出の記述方針のこともあるが、ゲーティア的秘密伝統や聖なるものの悪用に隠されている深淵に触れないよう気配りしなければならない。読者各位はこの世に「さかしま」の伝統があることも理解されたい。かつてエリファス・レヴィは自身が生きる時代を「破廉恥の牧場を探して万物が歪曲され堕落する」と評した。倒錯した心があれば進むべき方角はいくらでも迷えるのである。黒ミサもその例であるが、現代のやり方は単なる冒瀆的猥雑にして愚行でしかない。タロットカードでも同様の例が見つかる。いわゆる「ジューイッシュ・パック」なるものがあり、その象徴は中世のサタニズムに似ている。主たるタロット象徴には表面以上の深い意味があると仮定するなら、この時点で語れるべきことをまとめておく必要が生じたといってよい。神秘家にして儀式作家であるわたしがこの点でどれほど苦労してきたかを知ってもらうにもよい機会であった。まず前提しておくべきことは、「タロットの外面に関する予備的要点として、われわれはタロットの起源に関して確実なことはなにも知らない。とはいえ所謂(いわゆる)オカルト術に関する日常茶飯事であろうが、知識があるべき場所は無批判な夢想と思いつきに占領されてしまう。その有様は詐欺も同然であり、しかもしばしば無意識に行われる分、たちが悪いのである。グランゴヌールという画家が1393年頃にフランス国王シャルル6世の娯楽に供するべく絵札を一組製作したことは確認されており、そのなかの数枚のデザインがタロットの大アルカナと同一であることも示されてきた。われわれの前にある物的証拠は全部で26枚の古美術ともいうべきカード群であり、それが欧州大陸のさまざまな美術館に数枚ずつ収蔵されていて、昔からグランゴヌールの作品とされてきたという事実である。現在ではそれはイタリア起源とされ、15世紀初頭あたりに製作されたものとなっている。この時期以前に製作された類似品は現存していない。しかし以上の情報から専門家が確認すべき事実は、タロットの起源と年代の確定ではないのである。すなわち、1400年から1418年の製作とされるヴェネツィアやボローニャやフィレンツェの痕跡を有するセットがあるわけだが、地名の割り当てが正しいからといって、それらが最初にデザインされたタロットであると決めつけるのは怠慢なのである。しかしこの件に関して何世代も妄言を聞かされ続けたという観点に立てば、単に否定するだけでも怠慢であろうし、さらに罪が深いともいえるであろう。18世紀も終わる頃、クール・ド・ジェブランは古物に関心がある学者として初めてタロットの事実関係に注目した。そして『原初世界』の第8巻に大アルカナの素描を掲載したのだが、そこに描かれたものはフランス国立図書館に収蔵されているような途方もない値打ちのある美術品としてのタロットではなく、粗雑で原始的なそれであった。いかにも田舎を巡回する下層階級の賭博師や占いをするジプシーが所持していそうな札だった。それが一部の説にあるようにもともとは4世紀前にデザインされたものであったとしても、それだけの時間が経過すれば各国に広く普及してしまうには十分であったのだ。クール・ド・ジェブランはそれらの国の名前をあげていく——すなわち南フランス、スペイン、イタリア、ドイツである。もし大アルカナが元来小アルカナとは別個のものであったとすれば、両者が合体した時期に関しても選び放題という事態になる(ちなみにわたしは別個説をとる)。しかし別の見解も可能であろう。大アルカナのデザインは1400年の時点ですでに古びたものだった可能性もある。その場合、大アルカナはずっとあとになって現代プレイングカードの15世紀プロトタイプと合体したことになる。この分野はいまだ結論が出ないままだが、いずれの説をとるにせよ、現存する最古のカードの実際ないし推定年代測定を別にすれば、デザイン自体に内包される証拠を発見しないかぎり、だれもこれといった説を提唱することはできないであろう。

歴史に対する立場をある程度定義し終えたならば、次になすべきは以前に言及した考察の正当性を評価することであろう。しかしわたしとしては、以前の調査結果として到達した異なる結論を繰り返すしかない。タロットに関する最初にして最も好まれている仮説はエジプト起源説であり、これを唱えたのはかのクール・ド・ジェブランが最初であるから、ジェブラン説と呼称したいくらいである。この説はもって生まれた脆弱性のせいか、あるいは口には出さない目的があるのか、長年にわたって権威筋から別格扱いされてきた。ド・ジェブランは当時大変人気があったエジプト学者であり、エジプト学はまだ揺籃期にあった。というか、生まれていたかどうかも怪しい時期ともいえる。ジェブランが行っていたのは、印象を考察して確実性のもとに公式化するといった作業であり、きちんと証明されたことはない。健全な学問という立場から見れば、ジェブラン説の命運はフランスのオカルト夢想家たちの手に落ちて抱きしめられてしまった時点で定まってしまったのである。

タロットに関する最も突出した驚異の工作はエリファス・レヴィが1856年から開始したそれであろう。かれにとってタロットのデザインはいわゆる初期王朝のエジプト風というだけでなく、神話的存在のヘルメス、さらに洪水以前のエノクにも言及し得るものであったのだ。タロットは別の形において伝統的な『アダムの書』を形成するものであるという。ゾハールの寓話によれば、この書物はある天使が楽園にいるアダムにもたらしたものであり、追放後に取り上げられてしまった。その後、アダムの熱心な懇願により手元に戻されたものだという。しかしエリファス・レヴィはタロットの理論を唱えるだけではすまなかった。カードを原初の姿に復元したという図版を掲載するのだが、それは疑似エジプト風というか、素人の手による作品でしかなかった。レヴィが本を出すのをやめたあとも、似たような行為が流行した。

日本語版特別付録

ウェイト著「タロット──運命の輪」

この稿は神秘哲学の奥地をさぐる研究ではなく、象徴主義の根源を考察するものでもない。まして占術の詳細を専門に扱うものでもない。占いなどはわたしがこれまで公にしてきた関心事からは大いに乖離した領域なのだ。一度書けば十分という分野でもないのだが、そう思われてもしかたがないともいえる。というわけで冒頭から事実を述べてみた。つまらぬ擁護論から始めるよりもましであろう。ともあれ手元にあるテーマを取り上げ、必要とあれば冒頭に立ち返って話を締めくくるだけである。

さて本誌読者諸氏の大多数にとっては、「タロットとはなにか？」という質問を発して予防線を張る必要など皆無であろう。それがカード占いの一種であることは周知の事実である。ただし使用されるカードは一般家庭でもよく知られているプレイングカードとは数種の重要な点で異なっている。プレイングカードもまた占いに使用されるのであり、最近『オカルト・レヴュー』誌の出版元が『カード占いの手引書』＊なる書物を出してこの方面を解説している。ちなみに同書にはオカルトに関心があり若干の直観力を持ち合わせている人々のための101種の面白い占い法が掲載されているので、興味がある人は参照されるがよい。この『手引き』の作者の筆致は軽妙にして優雅であり、些事を真摯に語るのみならず、深甚を語れば背後に奇怪世界の存在を匂わせることも多い。秘すべきことを語るという矛盾の枠内にあって、『手引き』の作者はまさにこの「タロット」に関する一章を設けている。わたし自身も最近、パリのマルティニズム派の首領であるパピュス博士の英訳『ボヘミアンのタロット』†を改訂し、序文を記している。かくして長らく垂涎の希書とされてきた作品も入手が可能となった。

＊『カード占いの手引書、占いとオカルト占術』グランド・オリエント著、第4版。クラウン八折版、256ページ。定価2シリング6ペンス。ウィリアム・ライダー・アンド・サン社。

†『ボヘミアンのタロット、オカルト科学の絶対的鍵』パピュス著。序文A・E・ウェイト。クラウン八折版、384ページ。定価6シリング。ウィリアム・ライダーアンド・サン社。
同出版社の刊行物として：
『タロットカード全78枚セット』。パメラ・コールマン・スミス作画着色。
『タロットの鍵』A・E・ウェイト著。ロイヤル32mo版、およそ160ページ。

すなわち世人の言うように、いまや「あたりにタロットの気配がする」のである。しかし英国ではいまだ克服すべき障害が一つ残っている。タロットに関する読書は容易となり、フランス語に通じている人であればタロットに詳しくなることも可能となったのだが、カードそのものが入手困難なのだ。現物をヨーロッパから輸入するとしても、現在同地で製造されているタロットは現代風の月並みなゲーム用製品ばかりである。わたしたちに関係があるものは劣悪なイタリアン・パックくらいで、いやしくも研究者を名乗る人間なら避けるしかない代物である。少し視野を広げて探し回ればエテイヤのセットを確保できるであろうが、その象徴体系は編纂者の夢想によってかなり混乱している。エテイヤは第一に18世紀末の職業占い師であり、第二にオカルト全般の大家であって、思慮分別よりも熱意が先行し、学識という点では論外という人物である。マルセイユ版タロットのほうがずっとよいが、これも印刷を行っている都市でも、首都パリでも、そうそう簡単に見つかりはしない。ボローニャ版やベネツィア版などは話には聞いているが現物にお目にかかったこと

がない。

　そういう事情があり、また前述の如く「タロットの気配がする」という事実に立ち返るとしよう。占いを行う人々が多数いて、単なる偶然ゲームではなくちゃんと研究がしたいという少数派もいて、その全員が紙のカードとしての現物のタロットを欲している。そしてわたしにとっては予期せぬ機会到来と言おうか、タロットを一組デザインするという案件に際して敏腕にして独創なる画家パメラ・コールマン・スミス嬢の関与を得る仕儀に至ったのである。同嬢はその明瞭なる天分に加えてタロットの価値に関しても知識を有しておられる。おかげで世に知られぬ知識の回路につながる象徴体系を改定したいとするわたしの申し出にも耳を貸していただけたのである。またわたしたちはこの主題に大変造詣が深い別の人物の助力も得ることができた。かくして芸術と象徴体系は華燭の典を挙げ、真のタロットの誕生を見ることとなった。ただしタロットの真実は一つにあらず、多くの面を有するものと心得ていただきたい。これまでタロットに関して語られてきたこと、あるいはこれから語られるであろうことはどれも秘められた体系のごく一部にしか関係しておらず、正しい道を指し示すというよりはむしろ道を迷わす性質のものなのである。

　わたしが関与しているタロットはいままさに出版前夜という状況である。ゆえにこの場を借りて宣伝を行うことになんの遠慮があるだろうか。数枚のカードを見本として紹介し、その芸術的価値を読者ご自身の眼で確かめていただきたく思う次第である。カードの意味に関しては一言書いておく必要はあるであろう。また解説に際してタロットの起源論争にも前もって触れておくことにする。タロットの起源はインド、中国、エジプトなどとされてきたが、その位置決めは物証に欠ける思索的なものである。いかにも確実という風に記されてはいるが、ほぼ幻想の域を出ない。確実なところを知っている人はいないのである。何の因果かフランスに生まれてしまった人ならば、同国一流のオカルティズム全般に対する高濃度の思い込みゆえにタロットの起源もわかるのかもしれない。タロットが「トートの書」「三重に偉大なるヘルメスの書」と呼ばれたりするのもそのせいであり、カード自体がその帰属を支持しないがゆえに、後世の編者たちがエジプト要素を付け加えて完成させてきたといえる。真相はというと、タロットの背後に密儀ありと示唆しただけで、簡単に密儀の場を手に入れてしまったというところであろう。しかしタロットに内包される秘密教義があらゆる時代と民族と土地に共通するものだと理解するなら、タロットの起源を悠久の彼方の東洋に求める必要性も不可欠ではなくなるのである。

さてタロットには22枚の大アルカナがある。これらはプレイングカードには類似物が見当たらない。わたしはそのなかから4枚を選択し、原画を直接撮影してここに紹介する。当然ながら着色製品版よりもずっと大きいサイズである。それでは、高等象徴体系という観点からカードに語っていこう。カードの順番でいえば最初になるのか最後になるのか、そのあたりは好きにしていいが、ゼロをあらわすカードが「愚者」と題される。そう呼ばれてはいるが、物質に盲目的にとらわれた奴隷としての人類という意味ではない。通常の占いのやりとりでは贅沢、熱意あるいはその名の通りの愚行をあらわす。エリファス・レヴィによれば永遠の生命を意味するという。物質界を経験して苦悩する以前の生命の喜びをあらわす札とされている。霊的次元にあっては、この札は魂であり、経験の始まり、高きものに到達する前の熱望でもある。

最初の番号を得る札すなわち「魔術師」は「天からの火花が降る」者であり、上より引き出し下へと流す存在である。レヴィいわく、この札は「統一にある神であり、また神の反映としての人間」である。別の説によれば、この札は神的世界と絶対者とされる。啓発の札であり、神を見てしまった愚者の姿ともいえる。

第二のアルカナは美しく描かれる「高等女司祭」である。彼女を象徴するさまざまなものも描き込まれている。胸には太陽十字、頭には三日月がある。彼女の呼び名は「神の家」、「聖域」であり、秘密伝統である「カバラ」そのものとも称される。実は彼女は大いなる母であり、秘密教会である。

最後のアルカナはカードの順番では第19番であり、光と啓示の象徴としての「太陽」である。複数の世界を照らす栄光でもある。大きな馬に乗る裸体の子供は、やはり馬に乗る13番「死」のアンチテーゼとしての補完物である。

ここに紹介する小さなカード群は小アルカナであり、こちらは占い上の意味を述べていこう。「棒の王」は情熱、公平、高貴であり、峻厳と混ざり合う善意をあらわす。「杯の女王」は愛と献身であり、そのイメージを器のなかにヴィジョンのように見出している。「剣の騎士」は聖杯を探求するガラハッドも同然であり、探求途上で敵を蹴散らしていく。「ペンタクルの小姓」は手のなかに浮かぶタリスマンを眺める若者であり、実は学者をあらわす。またかれは知らせをもたらす者でもある。残りの数札に言及するには紙面が足りない。「棒の6」は希望と自信を戴く者である。「杯の5」は散財された遺産であり、喜びが空（から）となった人生。「剣の8」は不穏、闘争、危機、ときに致命傷をあらわす。「剣の9」は「剣の8」と比較すればわかる。絵の通り、失望のカードである。

大アルカナに配属される意味は、特定の世界ないし領域においてそれぞれ解釈されるべきもので、通常の数札やコートカードのそれとは異なる。かつて占術目的で大アルカナと小アルカナと組み合わせ、78枚からなる順番を形成したとき、カード占い師はそれぞれ自分の直観と観察結果を頼りに判断を行っていた。霊視力が伝統や前例を凌駕する場合もあるが、そんな能力を持ち合わせない人、あるいは発達していない人はこれまで受け入れられてきた意味群をまとめて用いるほうがよいであろう。そういった部分はカード同梱の占い用小著で提供しようと思っている。大アルカナと小アルカナの間に不可欠な関連があるのか否かという疑問、またこの点においてより高等なタロット象徴体系における個々の役割の確立をいかに行うかという問題が残っている。とはいえ、その関連が恣意的なものであれば、分別するべきなのである。小アルカナはカード占いのなかのしかるべき位置に収まり、大アルカナもまたしかるべき場所に向かうべきであろうが、その場所は占いとは別の霊視的領域となろう。

『カード占いの手引書』の編纂者はタロットを「フォーチュンへのより

高き道」と称している。そして大アルカナと小アルカナの間にあって、そのように解釈できる人に対しては、それがだれであれ、わたしは詩篇作者とともにこう語りかけよう。「勝利を得て乗り進め」と。かくしてわたしは擁護論という問題に舞い戻ってしまう。結論としては、タロットとは象徴体系の調査であり、その研究自体が一個の神秘体験である。これまでも、これから先も占いに使用されるであろうが、もとは別の領域に属していて、そこで発祥したものなのである。さらに進みたい方々はセット付属の拙著『タロットの鍵』にて実占（じっせん）の手法や根拠を学んでいただきたい。

訳者解説

本書について

本書『ウェイト＝スミス・タロット物語』は初期ウェイト＝スミス・タロットの成立事情に初めて注目した研究書であり、現在のスタンダードとなった分類すなわちパメラA、B、C、Dを確立した画期的な書物である。ウェイト＝スミス・タロットに関する本格的な議論はこの書の刊行から始まったといっても過言ではない。アーサー・エドワード・ウェイトとパメラ・コールマン・スミス両名の来歴、黄金の夜明け団の基本情報、さらにライダー社の内情など、基本情報も詳細に記されている。いわばタロット研究かくあるべしという一つの結晶である。

本書は2006年にタロット研究協会より刊行されたが、諸般の事情によりテキスト部分の翻訳権をイェンセン氏のご遺族より取得するにとどまった。イェンセン氏が他界されたため、著作権の在処が不明の図像が多数に上ったためである。

ゆえに本訳書では初期ウェイト＝スミスの図版をすべて新たに撮影して収録している。これは稀代のタロット収集家「夢然堂」こと石松謙二氏のご協力あっての成果である。記して御礼申し上げる次第である。

パメラ・コールマン・スミスの絵画やイラストなどは訳者手持ちの資料でカバーが可能であった。『オカルト・レヴュー』誌の画像は原著のそれよりもはるかに高精細なものを提供できる。原著になかった図版も多数収録しているため、資料性という点で原著を超える部分もあるかもしれない。

『オカルト・レヴュー』誌

ウェイト＝スミス・タロットを製作・発売したのはウィリアム・ライダー社であり、より具体的には同社のオカルト雑誌『オカルト・レヴュー』

である。従ってこのタロットを研究するには『オカルト・レヴュー』誌の収集と分析が不可欠なのだが、これがつい最近まできわめて困難だったのである。同誌は1905年から1948年まで刊行されており、全冊を揃える公的機関は大英図書館とイェール大学図書館のみ。個人でコンプリートしている人が数名という状態だった。イェンセン氏もこの点で不自由があったようで、本書における『オカルト・レヴュー』誌への言及と調査は隔靴掻痒の感を否めない。

さいわい訳者は1980年代より『オカルト・レヴュー』誌の収集を開始しており、現時点でほぼコンプリートしている（現在インターネット上にはパブリック・ドメイン入りしたオカルト雑誌専用の閲覧サイトがあり、『オカルト・レヴュー』誌もＰＤＦで創刊号から1930年代のナンバーまでダウンロードが可能）。この資料をもとに若干の補足的記述を行うことで、先達たるイェンセン氏への感謝としたいのである。

ウェイト＝スミス・タロットの件が公表されたのは1909年11月刊行の『オカルト・レヴュー』誌12月号誌上、編集長ラルフ・シャーレイが毎号健筆をふるっていた「巻頭覚書」のコーナーの一角である。

「読者諸氏に対して新たなタロット・パックの出版予定をお知らせできることを喜びたく思います。詳しくは本号のＡ・Ｅ・ウェイト氏の図版入り記事『タロット――運命の輪』をご覧下さい。当のカードは12月10日頃には販売されるでしょう。わたしがこの場であれこれ語るよりも、記事付録の図版を見ていただくほうが早いと思われます＊。芸術的メリットという点でこれまで出版されたいかなるパックよりもはるかに高品質のものでしょう。カードの現物はフルカラーで、石版印刷はスプレイグ社の担当となっています。同社の名前はそのまま高品質を保証するものといえましょう。カードと同時に『タロットの鍵』と題される本も出版予定です。カードと本を同じ箱に入れて送料無料で７シリングとなります。

＊ちなみに画家のパメラ・コールマン・スミス嬢はこの作業に取り掛かる前に無数の14世紀以降のタロットを調査研究しています」
（『オカルト・レヴュー』誌1909年12月号）

このとき発売されたヴァージョンが真の初版とされ、その正体をめぐって近年議論が交わされてきた。現在では初版は薔薇百合のパメラAということでほぼ決着している。本書執筆の時点で薔薇百合は2個しか確認されていなかったが、その後にもう2個発見されており、そのどちらにもライダー社のタイプ打ちの書簡が付属していた。いわく「このデッキは品質の点で問題があるため、希望されるなら近日出版予定の第2版と無償で交換する」とのこと。薔薇百合デッキの現存数が極端に少ない理由もこれで判明している。すなわち薔薇百合は事実上回収されていたのである。

『オカルト・レヴュー』誌1910年4月号裏表紙の広告において石目文の第2版パメラAのリリースが発表されている。なおこの宣伝に以前のヴァージョンが「アーツ・アンド・クラフツ展示会」に出品されたとの記述がある。この部分も当の展示会のカタログが発見されたため、確認がとれている。

次に重要な日付は1915年11月となる。この前後でタロットの価格が改定され、1シリングの値下げとなっているのだ。

1915年9月号　1パック6シリング、青箱。
――『タロットの鍵』と1パック同梱、8シリング、送料無料。
1915年11月号　1パック5シリング、青箱入り5シリング4ペンス、送料無料。
――『タロットの鍵』同梱、7シリング6ペンス、送料無料。

訳者の推測では、おそらく1915年にパメラAの在庫が底をついたのであろう。そこでライダー社はパメラAを増刷しようとしたのだが、カラー原版の一部が破損して差し替える必要があり、また第一次大戦中の物資不足により上質のカード用厚紙も確保できなかったと思われる。結果としてできあがったものが、色ずれと裁断に問題があり全体の厚みも足りない代物、すなわちパメラDであったとすれば、1シリングの値下げに妥当な説明がつくのである。

パメラAとパメラDが部分的に同じプレートを用いて製作されている点は、剣の2やペンタクルの5に残る共通のスクラッチによって推測される。もはや同じ原版を使い続けても品質の向上は無理とみたライダー社では、あらたな原版の製作を試みることとなったが、パメラ・コールマン・スミスの原画はすでに売却されている。やむなく78枚をすべて転写師が描き直すこととなったのであり、それが1921年に登場したパメラCである。当然ながらコストもかさみ、定価は6ペンス値上げされている。

ライダー社は1927年から29年にかけてタロットの翻訳書を次々と市場に送り出している。具体的にはミュシェリの『占星術タロット』(1928)、ティエレンスの『タロット全書』(1928)、そしてパピュスの『ボヘミアンのタロット』の重版(1929)である。この時期にパメラCの原版に若干の修正を加えて描線等を整理したヴァージョンすなわちパメラBが市場に出現している。パメラCは一から新たに製作したものだったが、Bは「太陽」などに若干の修正を加えた版であるためか、定価が6ペンス下がって5シリングとなっている。

1931年頃から『オカルト・レヴュー』誌上に毎号ライダー社関係のタロットの広告が入るようになったが、『オカルト・レヴュー』誌自体がすでに衰退期に入っていた。30年代半ばには雑誌名を『ロンドン・フォーラム』に変更して起死回生を図るも事態は好転せず、やむなく月刊をあきらめて誌名をふたたび『オカルト・レヴュー』に戻して季刊に移行。第二次大戦が始まると雑誌のサイズもそれまでのB5判からB6判に縮小されてしまった。

ロンドン空襲が始まる1940年、ライダー社は印刷原版等の資産をプリマスの倉庫に避難させたが、これが裏目となった。軍港であるプリマスは度重なる空爆に遭い、ライダー社の資産は倉庫もろとも吹っ飛んでしまったのである。このときタロットの原版も破壊されたと1970年代の『タロット図解』ダストジャケットには記してある。

第二次大戦終結後も『オカルト・レヴュー』誌の発行は続いたが、もはや時代の使命を果たし終わった観はだれの目にも明らかであった。同誌は1948年クリスマス号をもって休刊となっている。

「タロット—運命の輪」

『オカルト・レヴュー』誌1909年12月号に掲載されたウェイトのこの記事には重要な情報が多数含まれている。イェンセン氏の原書には収録されていなかったが、訳者の判断でこれを訳出して付録としている。

一番重要な情報は無論のこと、原画から直接取ってきたという大アルカナ４枚、さらに小アルカナ９枚の図版である。特に大アルカナ４枚は原画と同じサイズとされ、製品版ではつぶれてしまう細部がわかり貴重である。

この記事にはタロット製作にあたって「タロット方面に造詣が深い人物の助力を得た」と記してあり、以前よりその正体をめぐって議論が交わされてきた。W・B・イエイツを候補にあげる人が多く、本書でもそのように記してある。訳者の考えでは、「第三の男」は旧黄金の夜明け団団員であったジョージ・セシル・ジョーンズであったと思われる。ジョーンズは黄金の夜明け団が分裂したあと、クロウリーと行動をともにしており、クロウリーの出版事業等に力を貸していた。1909年春にタロット照応等を記した『777の書』が出版されたとき、『オカルト・レヴュー』誌同年７月号に書評を書いたのはＧＣＪという頭文字の人物で、これは明らかにジョーンズであろう。また1910年５月号に「タロット・トランプの真実」という文章を書いたＶＮなる頭文字の人物がいるが、ジョーンズの魔法名の頭文字がＶ・Ｎなのである。

ジョーンズが『オカルト・レヴュー』誌編集部に出入りしていたことは、当時ジョーンズも刊行に関わっていたクロウリーの雑誌『春秋分点』の全面広告が『オカルト・レヴュー』誌に何度も掲載されている点からも想像できる。1909年7月号と1910年5月号で頭文字を使っているジョーンズが、1909年12月号で匿名を希望したとするのは自然であろう。

原画の行方

パメラ・コールマン・スミスがタロットの原画を所持していて、それを売りに出す心算であったことは、スティーグリッツに宛てた書簡の記述からも明らかである。

「わずかなお金と引き換えに大変な仕事をやり終えたところです。タロット一組まるまる80枚のデザインです。原画を何枚かそちらに送ろうと思います。気に入ってくれる人もいるでしょうから。デッキも出来上がり次第（12月1日あたり？）一つ贈呈させていただきます（石版のカラー印刷？で、おそらくひどい出来でしょう）」

このとき送られた原画がどれだったのか、どの程度の枚数だったのかは判明していないが、1912年ニューヨークのバーリン写真会社主催の「パメラ・コールマン・スミス音楽絵画展」には6枚がリストアップされている。内訳は杯の小姓、ペンタクルの小姓、剣のエース、剣の9、杯の5、棒の4であり、大アルカナは含まれていない。訳者の推測では、大アルカナの数枚はホワイトや紙貼りによる修正が施されていて商品には向かない状態だったと思われる。

2018年6月の時点でウェイト＝スミス・タロットの原画は1枚も発見されていない。原画に一番近いものは『オカルト・レヴュー』誌1909年12月号掲載の線画であり、次にパメラA、そして1911年刊行の『タロット図解』収録線画という順番で考えるのが無難であろう。

結びに

本書にてイェンセン氏が提示したウェイト＝スミス・タロットの著作権問題は大いに議論を呼んでおり、訳者としてはあまり立ち入りたくないというのが本音である。一ついえることは、パメラ・コールマン・スミスの没後70年となる2021年まではこの問題が続くのであり、タロット業界は固唾を呑んで見守るしかないであろう。

22枚の絵札と56枚の数札から構成されていたタロットを、78枚の一組の絵札として世に送り出したのがウェイト＝スミス・タロットである。このタロットは英国初の国産タロットであるがゆえに定冠詞をつけて「The Tarot」として売り出された。販売形態は通販が主流で、実店舗に置かれる例は希少だった。正直なところ人気はそれほどでもなく、1920年の『オカルト・レヴュー』誌の投稿欄ではこのタロットは「だれも知らない、神智学協会会員ですら知る人がいない」と記されている。そもそも当時はタロット占いそのものがポピュラーではなかったのである。同誌に広告を載せている占い師は多数にのぼるが、タロットをレパートリーに入れる例はほとんどなかった。

占い業界でタロットという文字が頻繁に目に入るようになるのは1950年代からである。当時の代表的占術・オカルト雑誌『プレディクション』誌の広告からざっと判断すると、占い師の三人に一人はタロットを扱っている。かくしてタロットの需要が高まるとユニヴァーシティー・ブックス版やメリマック版のウェイト＝スミス・タロットが登場するようになる。1960年代末のオカルト大流行によってタロット人気は完全に定着し、1971年のＵ．Ｓ．ゲームズ・システム社製黄色箱「ライダー＝ウェイト」タロットの市場投入によってタロット史に一つの区切りができたといえる。

以来ウェイト＝スミス版の78枚構成はタロットのフォーマットの一つとなり、無数のレプリカ、クローン、ヴァリエーションを生み出して今日に至っている。その喧騒のさなか、最初期のウェイト＝スミス・タロットの姿の研究を開始したのがイェンセン氏であり、調査結果を『マンテイア』誌等での数度の発表を経て書物としたのが本書である。これを日本語として世に送り出せることは訳者冥利につきるのである。

本書の訳出にあたってはヒカルランド編集部の児島祥子様に大変お世話になった。記して御礼申し上げる次第である。

訳者　江口之隆

著者

K・フランク・イェンセン

K. Frank Jensen

1933年、デンマーク、コペンハーゲンにて出生。少年時代はドイツ占領下のデンマークで過ごす。終戦後は行政方面の勉学に励み、成人後はコペンハーゲンの市役所勤務。電子計算機やコンピューター方面のスキルも習得。教育方面の出版実務等に携わる。イェンセン氏のタロットに対する関心は1970年代初頭に始まったという。1975年には黄金の夜明け系のタロット書を発表(同書はデンマーク語で書かれた最初の魔術系タロット本だったという)。その後、次々とタロットや関連本を世に問う。同じく1975年に氏は「遊戯研究室」を立ち上げ、タロットカードや占い用カードの収集、分類、分析、保管を開始している。以来30年余をかけて形成された氏のコレクションと人脈は比肩するものがなかった。とりわけ近代タロットの収集は徹底したものであり、20世紀中に作られたタロットの95パーセントを押さえたと言われている。収集の傍らさまざまなメディアで執筆や発表を行い、とかく曖昧あるいは虚構が忍び込みやすいタロット界にあって常に物証をもって発言し、斯界の常識的議論に大いに貢献している。1989年から1997年にかけてタロットと占いカードを専門に扱う研究誌『マンテイア』の編集発行人となり、全16号を刊行。この段階で初期ウェイト=スミス・タロットの分類と研究が始まっている。2002年、国際タロット協会より功績賞を贈呈される。2016年9月7日、他界。享年83歳。氏の収集物は現在ロスキルド大学図書館に収蔵され、氏の名前を冠して「K・フランク・イェンセン・コレクション」と称されている。

訳・解説

江口之隆

えぐち・これたか

1958年、福岡県生まれ。魔術研究家、翻訳家。1983年、日本初の黄金の夜明け団の歴史書『黄金の夜明け』(共著、国書刊行会)を上梓。1984～85年にかけて英国・ウォーバーグ研究所で夜明け団研究を行う。主な著書に『黒魔術・白魔術』(長尾豊名義、学研)、『西洋魔物図鑑』(翔泳社)など、訳書にリガルディー編『黄金の夜明け魔術全書』、クロウリー『新装版777の書』(国書刊行会)、シセロ夫妻『[黄金の夜明け団]入門』(ヒカルランド)などがある。Webサイト・Twitterアカウント「西洋魔術博物館」を主宰。魅惑的な西洋魔術の世界に関するウィットに富んだ情報発信が幅広い層の人気を呼んでいる。http://www.elfindog.sakura.ne.jp/

ウェイト=スミス・タロット物語

いま明かされる世紀のカードの成立事情

第一刷　2019年2月28日

著者

K・フランク・イェンセン

訳・解説

江口之隆

発行人

石井健資

発行所

株式会社ヒカルランド

〒162-0821 東京都新宿区津久戸町3-11 TH1ビル6F

電話 03-6265-0852　ファックス 03-6265-0853

http://www.hikaruland.co.jp　info@hikaruland.co.jp

振替 00180-8-496587

ブックデザイン・DTP

鈴木成一デザイン室

校正

麦秋アートセンター

本文・カバー・製本

中央精版印刷株式会社

編集担当

児島祥子

ISBN978-4-86471-700-7